**EDUCAÇÃO
E MUDANÇA**

EDUCAÇÃO E MUDANÇA

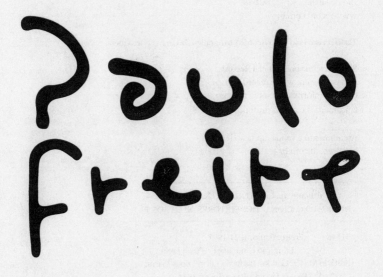

Paulo Freire

51ª edição

PAZ & TERRA
Rio de Janeiro
2024

Copyright © Herdeiros Paulo Freire

Direitos de edição da obra em língua portuguesa no Brasil adquiridos pela EDITORA PAZ E TERRA. Todos os direitos reservados. Nenhuma parte desta obra pode ser apropriada e estocada em sistema de banco de dados ou processo similar, em qualquer forma ou meio, seja eletrônico, de fotocópia, gravação etc., sem a permissão do detentor do copyright.

EDITORA PAZ E TERRA LTDA
Rua Argentina, 171, 3º andar, São Cristóvão
Rio de Janeiro, RJ – 20921-380
www.record.com.br

Texto revisto pelo novo Acordo Ortográfico da Língua Portuguesa.

Seja um leitor preferencial Record.
Cadastre-se em www. record.com.br
e receba informações sobre nossos
lançamentos e nossas promoções.

Atendimento e venda direta ao leitor:
sac@record.com.br

CIP-BRASIL. CATALOGAÇÃO NA FONTE
SINDICATO NACIONAL DOS EDITORES DE LIVROS, RJ.

51ª ed.   Freire, Paulo, 1921-1997.
         Educação e mudança / Paulo Freire;
prefácio Moacir Gadotti; tradução Lilian Lopes Martin.
– 51ª ed. – Rio de Janeiro: Paz e Terra, 2024.

ISBN 978-85-7753-427-2

Título original: Educacion y cambio.
1. Educação 2. Educação – Aspectos políticos
3. Educação – Aspectos sociais 4. Freire, Paulo,
1921-1997 5. Pedagogia I. Gadotti, Moacir. II.
Título.

11-03953   CDD-370.1

Impresso no Brasil
2024

Sumário

Prefácio: Educação e ordem classista
Moacir Gadotti   7

1   O compromisso do profissional com a sociedade   17

2   A educação e o processo de mudança social   33

3   O papel do trabalhador social no processo de mudança   55

4   Alfabetização de adultos e conscientização   82

Prefácio
Educação e ordem classista

O LANÇAMENTO DESTA OBRA de Paulo Freire em português se dá no momento em que o educador brasileiro retorna de quinze anos de exílio. Retorna ao Brasil "distante do qual estava há catorze anos, mas distante do qual nunca estava também", como declarou ele no ano passado, quando foi impossibilitado de participar do I Seminário de Educação Brasileira, porque lhe fora negado o passaporte. Indagado ao descer hoje no aeroporto de Viracopos se havia acompanhado a evolução política e educacional do país, Paulo Freire disse ter feito o impossível para isso e acrescentou: "mas a cada momento eu descubro que é indispensável estar aqui para melhor entender toda a atual realidade. Quinze anos de ausência exigem uma reaprendizagem e uma maior intimização com o Brasil de hoje." Com a modéstia intelectual que sempre o caracterizou, ele volta disposto a percorrer mais uma etapa nesta sua permanente "aprendizagem".

É-me, portanto, impossível apresentar hoje esta obra sem mencionar sua volta do exílio. O exílio não marcou, de forma alguma, o seu pensamento de mágoa ou de uma nostalgia doentia. Onde quer que tenha trabalhado, saindo do país — no Chile, nos Estados Unidos, na Suíça ou na África —, sua teoria e sua práxis estão carregadas de otimismo, certamente um otimismo crítico, levando mensagens de esperança, certo de estar combatendo ao lado daqueles que são os portadores da liberdade, os oprimidos. Paulo Freire não é um intelectual acadêmico, distante da vida concreta, do cotidiano. É por isso — e não porque tenha seguido uma doutrina filosófica ou um ideário político — que sua teoria e sua práxis são tão fortes, violentas até, carregadas de um sentido existencial profundo. Sentido que Paulo Freire não "dá", mas que "exprime". E como o seu ponto de partida, a sua opção radical é a libertação dos oprimidos, o sentido mais profundo da sua obra é ser a "expressão" dos oprimidos. Daí ser uma obra inquietadora, perturbadora, revolucionária. Ela exprime a realidade e a estratégia do oprimido. Foi por essa razão que não foi tolerado após o golpe militar de 1964: por ser o "pedagogo dos oprimidos".

Feitas estas observações iniciais, minha intenção é tecer algumas considerações sobre a temática central deste livro: a *mudança*.

Inicialmente quero dizer que, ao lado da *conscientização*, a *mudança* é um "tema gerador" da prática teórica de Paulo Freire. Como o tema da consciência, o tema da mudança acompanha todas as suas obras. A mudança de uma sociedade de oprimidos para uma sociedade de iguais e o papel da educação — da conscientização — nesse processo de mudança são as preocupações básicas da pedagogia de Paulo Freire. Aqui, porém, nestes quatro estudos, ele se detém mais sistematicamente.

Pode a educação operar a mudança? Que mudança?

Paulo Freire combate a concepção ingênua da pedagogia que se crê motor ou alavanca da transformação social e política. Combate igualmente a concepção oposta, o pessimismo sociológico que consiste em dizer que a educação reproduz mecanicamente a sociedade. Nesse terreno em que ele analisa as possibilidades e as limitações da educação, nasce um pensamento pedagógico que leva o educador e todo profissional a se engajar social e politicamente, a perceber as possibilidades da ação social e cultural na luta pela transformação das estruturas opressivas da sociedade classista. Acrescente-se, porém, que embora ele não separe o ato pedagógico do ato político, tampouco ele os confunde. Evitando querelas políticas, ele tenta aprofundar e compreender o pedagógico da ação política e o político da ação pedagógica, reconhecendo que a educação é essencialmente um ato de conhecimento e de conscientização e que, por si só, não leva uma sociedade a se libertar da opressão.

É dentro desse quadro que gostaria de dialogar um pouco com ele, caminhar com ele e, ao mesmo tempo, problematizar o seu discurso central, isto é, a possibilidade de uma educação libertadora, transformadora.

Paulo Freire é certamente um profissional comprometido, cujo pensamento — que pensa a vida, as relações humanas — encerra um grande potencial de direção na luta pela transformação das sociedades, notadamente das sociedades "em trânsito". Neste sentido, ele tem o mérito não apenas de denunciar uma educação supostamente neutra, como o de distinguir claramente a pedagogia das classes dominantes da pedagogia das classes oprimidas. Depois de Paulo Freire não é mais possível pensar a educação como um universo preservado, como não foi mais possível pensar a sociedade sem a luta de classes após a dialética de Marx. Muito se tem escrito sobre o pensamento do "maior pedagogo do nosso tempo", na expressão de Roger Garaudy. Muitas questões, porém, pode ainda nos suscitar o seu pensamento, sempre em evolução, como todo pensamento concreto. Não me preocupa saber se Paulo é ou não é marxista. Se Paulo é ou não é cristão. Ele tem sempre rejeitado etiquetas daqueles que tentam simplificar o pensamento e a vida, reduzi-la a esquemas intelectualistas. Os sectários de posições ideológicas muito rígidas o consideram um "endemoniado contraditório", como ele mesmo afirma. Na verdade, o que me interessa discutir concretamente é a questão da mudança e o caráter de dependência da educação em relação à sociedade.

A tradição pedagógica insiste ainda hoje em limitar o pedagógico à sala de aula, à relação professor-aluno, educador-educando, ao diálogo singular ou plural entre duas ou várias pessoas. Não seria esta uma forma de cercear, de limitar a ação pedagógica? Não estaria a burguesia tentando reduzir certas manifestações do pensamento das classes emergentes e oprimidas da sociedade a certos momentos, exercendo sobre a escola um controle não apenas ideológico (hoje menos ostensivo do que ontem), mas até espacial? Abrir os muros da escola para que ela possa ter acesso à rua, invadir a cidade, a vida, parece ser ação classificada de "não pedagógica" pela pedagogia tradicional. A conscientização, sim (até certo ponto), mas dentro da escola, dentro dos *campi* das universidades!

Enquanto os "grandes debates", os "seminários revolucionários" permanecerem dentro da escola, cada vez mais isolada dos problemas reais e longe das decisões políticas, não existirá uma educação libertadora. Compreendendo esta estratégia, o professorado brasileiro invade hoje as ruas, sai da escola, lutando por melhores condições de ensino e de salário, certo de que, assim fazendo, está também fortalecendo a categoria e transformando a sociedade civil numa sociedade mais resistente à dominação.

A burguesia nacional reconhece os limites da *conscientização* que são os limites da própria consciência. E aqui ela tem razão: uma conscientização que partisse apenas do educador, limitada ao campo escolar, é insuficiente para operar uma verdadeira mudança social. A educação, e o papel do educador, não é só isso. Se houve tempo em que o papel do pedagogo parecia ser este, hoje, o educador, o intelectual engajado, cimentado com o oprimido, não pode limitar-se a conscientizar dentro da sala de aula. Deverá aprender a se conscientizar com a massa.

Há igualmente limites para o *diálogo*. Porque numa sociedade de classes não há diálogo, há apenas um pseudodiálogo, utopia romântica quando parte do oprimido e ardil astuto quando parte do opressor. Numa sociedade dividida em classes antagônicas não há condições para uma pedagogia dialogal. O diálogo pode estabelecer-se talvez no interior da escola, da sala de aula, em pequenos grupos, mas nunca na sociedade global. Dentro de uma visão macroeducacional, em que a ação pedagógica não se limita à escola, a organização da sociedade é também tarefa do educador. E, para isso, o seu método, a sua estratégia, é muito mais a desobediência, o *conflito*, a *suspeita*, do que o diálogo. A transparência do diálogo é substituída pela suspeita crítica. O papel do educador de um novo tempo, do tempo do acirramento das contradições e do antagonismo de classe, o educador da passagem, do trânsito, é mais a organização do conflito, do confronto, do que a ação dialógica.

Não pretendo com isso condenar todo diálogo. O *diálogo*, porém, não pode excluir o *conflito*, sob pena de ser um diálogo ingênuo. Eles atuam dialeticamente: o que dá força ao diálogo entre os oprimidos é a sua força de barganha frente ao opressor. É o desenvolvimento do conflito com o opressor que mantém coeso o oprimido com o oprimido. O diálogo de que nos fala Paulo Freire não é o diálogo romântico entre oprimidos e opressores, mas o diálogo entre os oprimidos para a superação de sua condição de oprimidos. Esse diálogo supõe e se completa, ao mesmo tempo, na organização de classe, na luta comum contra o opressor, portanto, no conflito.

Não podemos esperar que uma escola seja "comunitária" numa sociedade de classes. Não podemos esquecer que a escola também faz parte da sociedade. Ela não é uma ilha de pureza no interior da qual as contradições e os antagonismos de classe não penetram. Numa sociedade de classes toda educação é classista. E, na ordem classista, educar, no único sentido aceitável, significa conscientizar e lutar contra esta ordem, subvertê-la. Portanto, uma tarefa que revela muito mais o conflito interior à ordem classista do que a busca de um diálogo que instaure a comunhão de pessoas ou de classes.

Até que ponto o humanismo sustentado pela pedagogia tradicional, que valoriza excessivamente o diálogo, não é uma maneira de esconder a luta de classes, as disparidades socioeconômicas, o antagonismo, os interesses escusos da classe dominante? A tradição humanista da nossa educação parece justificar tal hipótese. Nossa educação é sustentada por esses dois tipos de humanismo que, embora combatam entre si, são ambos conservadores: o *humanismo idealista*, de um lado, lutando por uma educação pietista cujo ideal educativo conduziria ao obscurantismo da Idade Média, frequentemente encabeçado pela escola particular e religiosa; por outro lado, o *humanismo tecnológico*, reduzindo toda educação a um arsenal de metodologias e de instrumentos de aprendizagem, despolitizando a grande massa da população, mais frequentemente professado pelas escolas oficiais e burocráticas. Um se perde na contemplação dos ideais de uma sociedade "humana", "acima" da luta de classes; outro elimina todo ideal, substituindo-o pela ciência e pela técnica.

É dentro desse quadro que vejo a leitura desta obra, publicada já há alguns anos em espanhol, como um subsídio valioso para a compreensão da realidade educacional latino-americana, dentro de uma "sociedade fechada", a compreensão do papel do trabalhador social, do profissional engajado, compromissado com um projeto de uma sociedade diferente, isto é, uma "sociedade aberta".

Depois de Paulo Freire ninguém mais pode ignorar que a educação é sempre um ato político. Aqueles que tentam argumentar em contrário, afirmando que o educador não pode "fazer política", estão defendendo uma certa política, a política da despolitização. Pelo contrário, se a educação, notadamente a brasileira, sempre ignorou a política, a política nunca ignorou a educação. Não estamos politizando a educação. Ela sempre foi política. Ela sempre esteve a serviço das classes dominantes. Este é um princípio de que parte Paulo Freire, princípio subjacente a cada página que aqui escreveu.

Hoje, a volta dele representa um momento importante na história da educação no Brasil. Com ele surge a possibilidade de reanimar o debate em torno dos problemas educacionais brasileiros, debate este sufocado no período de obscurantismo imposto pela oligarquia governamental não menos obscurantista e tecnocrática. Com a volta de Paulo Freire, continuador de Fernando de Azevedo, Lourenço Filho, Anísio Teixeira, a educação brasileira ganha um novo alento, adquire maior lucidez, faz-nos lembrar que o Brasil tem uma história educacional importante.

Moacir Gadotti
Campinas, 7 de agosto de 1979

1
O COMPROMISSO DO PROFISSIONAL COM A SOCIEDADE

A QUESTÃO DO COMPROMISSO do profissional com a sociedade nos coloca alguns pontos que devem ser analisados. Algumas reflexões das quais não podemos fugir, necessárias para o esclarecimento do tema.

Em primeiro lugar, a expressão "o compromisso do profissional com a sociedade" nos apresenta o conceito do compromisso definido pelo complemento "do profissional", ao qual segue o termo "com a sociedade". Somente a presença do complemento na frase indica que não se trata do compromisso de qualquer um, mas do profissional. A expressão final, por sua vez, define o polo para o qual o compromisso se orienta e no qual o ato comprometido só aparentemente terminaria, pois na verdade não termina, como trataremos de ver mais adiante.

As palavras que constituem a frase a ser analisada não estão ali simplesmente jogadas, postas arbitrariamente. Diríamos que se encontram, inclusive, "comprometidas" entre si e implicam, na estrutura de suas relações, uma determinada posição: a de quem as expressou.

O compromisso seria uma palavra oca, uma abstração, se não envolvesse a decisão lúcida e profunda de quem o assume. Se não se desse no plano do concreto.

Se prosseguimos na análise da frase proposta, sentimos a necessidade de uma penetração cada vez maior no conceito do compromisso, com a qual podemos apreender aquilo que faz com que um ato se constitua em compromisso.

Mas, no momento em que esta necessidade nos é imposta, cada vez mais claramente, como uma exigência prévia à análise do compromisso definido — o do profissional com a sociedade —, uma reflexão anterior se faz necessária. É a que se concentra em torno da pergunta: quem pode comprometer-se?

Contudo, como pode parecer, esta pergunta não se formula no sentido da identificação de quem, entre alguns sujeitos hipotéticos — A, B ou C —, é o protagonista de um ato de compromisso, numa situação dada. É uma pergunta que se antecipa a qualquer situação de compromisso. Indaga sobre a ontologia do ser sujeito do compromisso. A resposta a esta indagação nos faz entender o ato comprometido, que começa a desvelar-se diante da nossa curiosidade.

De fato, ao nos aproximarmos da natureza do ser que é capaz de se comprometer, estaremos nos aproximando da essência do ato comprometido.

A primeira condição para que um ser possa assumir um ato comprometido está em ser capaz de agir e refletir.

É preciso que seja capaz de, estando no mundo, saber-se nele. Saber que, se a forma pela qual está no mundo condiciona a sua consciência deste estar, é capaz, sem dúvida, de ter consciência desta consciência condicionada. Quer dizer, é capaz de intencionar sua consciência para a própria forma de estar sendo, que condiciona sua consciência de estar.

Se a possibilidade de reflexão sobre si, sobre seu estar no mundo, associada indissoluvelmente à sua ação sobre o mundo, não existe no ser, seu estar no mundo se reduz a um não poder transpor os limites que lhe são impostos pelo próprio mundo, do que resulta que este ser não é capaz de compromisso. É um ser imerso no mundo, no seu estar, adaptado a ele e sem ter dele consciência. Sua imersão na realidade, da qual não pode sair, nem "distanciar-se" para admirá-la e, assim, transformá-la, faz dele um ser "fora" do tempo ou "sob" o tempo ou, ainda, num tempo que não é seu. O tempo para tal ser "seria" um perpétuo presente, um eterno hoje. A-histórico, um ser como este não pode comprometer-se; em lugar de relacionar-se com o mundo, o ser imerso nele somente está em contato com ele. Seus contatos não chegam a transformar o mundo, pois deles não resultam produtos significativos, capazes de (inclusive, voltando-se sobre ele) marcá-los.

Somente um ser que é capaz de sair de seu contexto, de "distanciar-se" dele para ficar com ele; capaz de admirá-lo para, objetivando-o, transformá-lo e, transformando-o, saber-se transformado pela sua própria criação; um ser que é e está sendo no tempo que é o seu, um ser histórico, somente este é capaz, por tudo isso, de comprometer-se.

Além disso, somente este ser é já em si um compromisso. Este ser é o homem.

Mas, se este ser é o homem que, além de poder comprometer-se, já é um compromisso, o que é o compromisso?

Uma vez mais teremos de voltar ao próprio homem, em busca de uma resposta. Porém, não a um homem abstrato, mas ao homem concreto, que existe numa situação concreta.

Afirmamos anteriormente que a primeira condição para que um ser pudesse exercer um ato comprometido era a sua capacidade de atuar e refletir. É exatamente esta capacidade de atuar, operar, de transformar a realidade de acordo com finalidades propostas pelo homem, à qual está associada sua capacidade de refletir, que o faz um ser da práxis.

Se ação e reflexão, como constituintes inseparáveis da práxis, são a maneira humana de existir, isso não significa, contudo, que não estão condicionadas, como se fossem absolutas, pela realidade em que está o homem.

Assim, como não há homem sem mundo, nem mundo sem homem, não pode haver reflexão e ação fora da relação homem-realidade. Esta relação homem-realidade, homem-mundo, ao contrário do contato animal com o mundo, como já afirmamos, implica a transformação do mundo, cujo produto, por sua vez, condiciona ambas, ação e reflexão. É, portanto, através de sua experiência nestas relações que o homem desenvolve sua ação-reflexão, como também pode tê-las atrofiadas. Conforme se estabeleçam estas relações, o homem pode ou não ter condições objetivas para o pleno exercício da maneira humana de existir.

Contudo, o fundamental é que esta realidade, proibitiva ou não do pensar e do atuar autênticos, é criação dos homens. Daí ela não pode, por ser histórica tal como os homens que a criam, transformar-se por si só. Os homens que a criam são os mesmos que podem prosseguir transformando-a.

Pode-se pensar, diante desta afirmação, que estamos numa espécie de beco sem saída. Porque se a realidade, criada pelos homens, dificulta-lhes objetivamente seu atuar e seu pensar autênticos, como podem, então, transformá-la para que possam pensar e atuar verdadeiramente? Se a realidade condiciona seu pensar e atuar não autênticos, como podem pensar corretamente o pensar e o atuar incorretos? É que, no jogo interativo do atuar-pensar o mundo, se, num momento da experiência histórica dos homens, os obstáculos ao seu autêntico atuar e pensar não são visualizados, em outros, estes obstáculos passam a ser percebidos para, finalmente, os homens ganharem com eles sua razão. Os homens alcançam a razão dos obstáculos na medida em que sua ação é impedida. É atuando ou não podendo atuar que se lhes aclaram os obstáculos à ação, a qual não se dicotomiza da reflexão. E como é próprio da existência humana a atuação-reflexão, quando se impede um homem comprometido de atuar, os homens se sentem frustrados e por isso procuram superar a situação de frustração.[1]

Impedidos de atuar, de refletir, os homens encontram-se profundamente feridos em si mesmos, como seres do compromisso. Compromisso com o mundo, que deve ser humanizado para a humanização dos homens, responsabilidade com estes, com a história. Este compromisso com a humanização do homem, que implica uma responsabilidade histórica, não pode realizar se através do palavrório, nem de nenhuma outra forma de fuga do mundo, da realidade concreta, onde se encontram os homens concretos. O compromisso, próprio da existência humana, só existe no engajamento com a realidade, de cujas "águas" os homens verdadeiramente comprometidos ficam "molhados", ensopados. Somente assim o compromisso é verdadeiro. Ao experienciá-lo, num ato que necessariamente é corajoso, decidido e consciente, os homens já não se dizem neutros. A neutralidade frente ao mundo, frente ao histórico, frente aos valores, reflete apenas o medo que se

---

[1] Neste sentido, cf. Erich Fromm, sobretudo *O coração do homem*, Rio de Janeiro: Jorge Zahar, 1965. Excelente livro, no qual ele discute claramente a frustração do não atuar e suas consequências.

tem de revelar o compromisso. Este medo quase sempre resulta de um "compromisso" contra os homens, contra sua humanização, por parte dos que se dizem neutros. Estão "comprometidos" consigo mesmos, com seus interesses ou com os interesses dos grupos aos quais pertencem. E como este não é um compromisso verdadeiro, assumem a neutralidade impossível.

O verdadeiro compromisso é a solidariedade, e não a solidariedade com os que negam o compromisso solidário, mas com aqueles que, na situação concreta, se encontram convertidos em "coisas".

Comprometer-se com a desumanização é assumi-la e, inexoravelmente, desumanizar-se também.

Esta é a razão pela qual o verdadeiro compromisso, que é sempre solidário, não pode reduzir-se jamais a gestos de falsa generosidade, nem tampouco ser um ato unilateral, no qual quem se compromete é o sujeito ativo do trabalho comprometido e aquele com quem se compromete a incidência de seu compromisso. Isso seria anular a essência do compromisso, que, sendo encontro dinâmico de homens solidários, ao alcançar aqueles com os quais alguém se compromete, volta destes para ele, abraçando a todos num único gesto amoroso.

Pois bem, se nos interessa analisar o compromisso do profissional com a sociedade, teremos que reconhecer que ele, antes de ser profissional, é homem. Deve ser comprometido por si mesmo.

Como homem, que não pode estar fora de um contexto histórico-social em cujas inter-relações constrói seu eu, é um ser autenticamente comprometido, falsamente "comprometido" ou impedido de se comprometer verdadeiramente.[2]

No caso do profissional, é necessário juntar ao compromisso genérico, sem dúvida concreto, que lhe é próprio como homem, o seu compromisso de profissional.

Se de seu compromisso como homem, como já vimos, não pode fugir, fora deste compromisso verdadeiro com o mundo e com os homens, que é solidariedade com eles para a incessante procura da humanização, seu compromisso como profissional, além de tudo isso, é uma dívida que assumiu ao fazer-se profissional.

Seu compromisso como profissional, sem dúvida, pode dicotomizar-se de seu compromisso original de homem. O compromisso, como um quefazer radical e totalizado, repele as racionalizações. Não posso nas segundas-feiras assumir compromisso como homem, para nas terças-feiras assumi-lo como

---

[2] "Impedido de comprometer-se verdadeiramente" significa, para nós, a situação na qual as grandes maiorias encontram-se manipuladas por minorias, através de ordens. Estas grandes maiorias têm a impressão de que se comprometem, quando, na verdade, são induzidas em seu "compromisso". Escolhem entre as opções (no melhor dos casos) que as minorias lhes indicam, quase sempre manhosamente, pela propaganda. Existe toda uma bibliografia sobre este assunto. Sugerimos, contudo, a obra de Fromm, já citada, e Wright Mills, *La elite del poder*. México: Fondo de Cultura Económica, 1945.

profissional. Uma vez que "profissional" é atributo de homem, não posso, quando exerço um quefazer atributivo, negar o sentido profundo do quefazer substantivo e original. Quanto mais me capacito como profissional, quanto mais sistematizo minhas experiências, quanto mais me utilizo do patrimônio cultural, que é patrimônio de todos e ao qual todos devem servir, mais aumenta minha responsabilidade com os homens. Não posso, por isso mesmo, burocratizar meu compromisso de profissional, servindo, numa inversão dolosa de valores, mais aos meios que ao fim do homem. Não posso me deixar seduzir pelas tentações míticas, entre elas a da minha escravidão às técnicas, que, sendo elaboradas pelos homens, são suas escravas e não suas senhoras.

Não devo julgar-me, como profissional, "habitante" de um mundo estranho; mundo de técnicos e especialistas salvadores dos demais, donos da verdade, proprietários do saber, que devem ser doados aos "ignorantes e incapazes". Habitantes de um gueto, de onde saio messianicamente para salvar os "perdidos", que estão fora. Se procedo assim, não me comprometo verdadeiramente como profissional nem como homem. Simplesmente me alieno.

Todavia, existe algo que deve ser destacado. Na medida em que o compromisso não pode ser um ato passivo, mas práxis — ação e reflexão sobre a realidade —, inserção nela, ele implica indubitavelmente um conhecimento da realidade. Se o compromisso só é válido quando está carregado de humanismo, este, por sua vez, só é consequente quando está fundado cientificamente. Envolta, portanto, no compromisso do profissional, seja ele quem for, está a exigência de seu constante aperfeiçoamento, de superação do especialismo, que não é o mesmo que especialidade. O profissional deve ir ampliando seus conhecimentos em torno do homem, de sua forma de estar sendo no mundo, substituindo por uma visão crítica a visão ingênua da realidade, deformada pelos especialismos estreitos.

Não é possível um compromisso verdadeiro com a realidade, e com os homens concretos que nela e com ela estão, se desta realidade e destes homens se tem uma consciência ingênua. Não é possível um compromisso autêntico se, àquele que se julga comprometido, a realidade se apresenta como algo dado, estático e imutável. Se este olha e percebe a realidade enclausurada em departamentos estanques. Se não a vê e não a capta como uma totalidade, cujas partes se encontram em permanente interação. Daí sua ação não poder incidir sobre as partes isoladas, pensando que assim transforma a realidade, mas sobre a totalidade. É transformando a totalidade que se transformam as partes e não o contrário. No primeiro caso, sua ação, que estaria baseada numa visão ingênua, meramente "focalista" da realidade, não poderia constituir um compromisso.

Um profissional, por exemplo, para quem a Reforma Agrária é apenas um instrumento jurídico que normaliza uma sociedade em transformação, sem conseguir apreendê-la em sua complexidade, em sua globalidade, não pode em termos concretos comprometer-se com ela, ainda que ideologicamente a aceite.

A questão é que a Reforma Agrária, como um processo global, não é algo que, não existindo anteriormente, passa a existir completa e acabadamente com a instauração de uma estrutura nova. A Reforma Agrária, por ser um processo, é algo dinâmico. Dá-se no domínio humano. As relações homem-realidade, que se verificavam na estrutura anterior, necessariamente deixaram sua marca profunda na forma de estar sendo do camponês. Mudada a velha estrutura, através da Reforma, se inevitável é que, cedo ou tarde, a estrutura instaurada condicione novas formas de pensar e de atuar, resultantes das novas relações homem-realidade, isto não significa que essa mudança se dê instantaneamente.

O compromisso, portanto, de um profissional da Reforma Agrária que a veja sob esta visão criticada, não pode ser verdadeiro, não pode ser o compromisso do profissional, em cuja ação de caráter técnico se esquece do homem ou se o minimiza, pensando, ingenuamente, que existe o dilema humanismo-tecnologia.

E, respondendo ao desafio do falso dilema,[3] opta pela técnica, considerando que a perspectiva humanista é uma forma de retardar as soluções mais urgentes. O erro desta concepção é tão nefasto como o erro da sua contrária — a falsa concepção do humanismo —, que vê na tecnologia a razão dos males do homem moderno. E o erro básico de ambas, que não podem oferecer a seus adeptos nenhuma forma real de compromisso, está em que, perdendo elas a dimensão da totalidade, não percebem o óbvio: que humanismo e tecnologia não se excluem. Não percebem que o primeiro implica a segunda e vice-versa. Se o meu compromisso é realmente com o homem concreto, com a causa de sua humanização, de sua libertação, não posso por isso mesmo prescindir da ciência, nem da tecnologia, com as quais me vou instrumentando para melhor lutar por esta causa.

Por isso também não posso reduzir o homem a um simples objeto da técnica, a um autômato manipulável.

Quase sempre, técnicos de boa vontade, embora ingênuos, deixam-se levar pela tentação tecnicista (mitificação da técnica) e, em nome do que chamam "necessidade de não perder tempo", tentam,

---

[3] O autor não entende por humanismo, neste como em outros estudos seus, as belas-artes, a formação clássica, aristocrática, a erudição, nem tampouco um ideal abstrato de bom homem. O humanismo é um compromisso radical com o homem concreto. Compromisso que se orienta no sentido de transformação de qualquer situação objetiva na qual o homem concreto esteja sendo impedido de ser mais.

verticalmente, substituir os procedimentos empíricos do povo (camponeses, por exemplo) por sua técnica.

Partem do pressuposto verdadeiro "de que é não só necessário, mas urgente, aumentar a produção agrícola". Uma das "exigências para consegui-lo está na mudança tecnológica que deve verificar-se". Outro pressuposto válido.

No entanto, ao desconhecer que tanto sua técnica como os procedimentos empíricos dos camponeses são manifestações culturais e, deste ponto de vista, ambas válidas, cada qual em sua medida, e que, por isso, não podem ser mecanicamente substituídos, enganam-se e já não podem comprometer-se.

Terminam, então, por cair nesta irônica contradição: "para não perder tempo" o que fazem é perdê-lo.

Deformados pela acriticidade, não são capazes de ver o homem na sua totalidade, no seu quefazer-ação-reflexão, que sempre se dá no mundo e sobre ele. Pelo contrário, será mais fácil, para conseguir seus objetivos, ver o homem como uma "lata" vazia que vão enchendo com seus "depósitos" técnicos. Mas ao desenvolver desta forma sua ação, que tem sua incidência neste "homem lata", podemos melancolicamente perguntar: "Onde está seu compromisso verdadeiro com o homem, com sua humanização?"

Todavia, em nossos países há sem dúvida uma sombra que ameaça permanentemente o compromisso verdadeiro. Ameaça que se concretiza na autenticidade do compromisso. Estamos nos referindo à alienação (ou alheamento) cultural que sofrem nossas sociedades.[4]

Com o centro de decisão econômica e cultural, em grande parte fora delas (portanto, sociedades de economia periférica, dependente, exportadoras de matérias-primas e importadoras não somente de produtos manufaturados, mas também de ideias, de técnicas, de modelos), são sociedades "seres para outro".

Assim, o primeiro grande obstáculo que se apresenta nestas sociedades ao compromisso autêntico encontra-se na falta de autenticidade de seu próprio ser dual. Estas sociedades são e não são elas próprias.

Na medida em que, em grande parte, para solucionar seus problemas importam técnicas e tecnologias, sem a devida "redução sociológica" destas a suas condições objetivas (não necessariamente idênticas às das sociedades metropolitanas, onde se desenvolvem essas tecnologias importadas), não podem proporcionar as condições para o compromisso autêntico.

Não há técnicas neutras que possam ser transplantadas de um contexto a outro. A alienação do profissional não lhe permite perceber esta obviedade.

---

[4] De algum tempo para cá, as sociedades latino-americanas começam a pôr-se à prova, historicamente. Algumas mais que outras. Começam a tentar uma volta sobre si mesmas, o que as leva a se auto-objetivarem e, assim, descobrirem-se alienadas. Se esta descoberta não significa ainda a desalienação — e admiti-lo seria assumir uma postura idealista —, é, contudo, motivadora para que a sociedade inicie a procura de sua concretização.

Seu compromisso se desfaz na medida em que o instrumento para sua ação é um instrumento estranho, às vezes antagônico, à sua cultura.[5]

O alienado, seja profissional ou não, pouco importa, não distingue o ano do calendário do ano histórico. Não percebe que existe uma não contemporaneidade do coetâneo.

Todas estas manifestações da alienação e outras mais, cuja análise detalhada não nos cabe aqui fazer, explicam a inibição da criatividade no período da alienação. Esta, geralmente, produz uma timidez, uma insegurança, um medo de correr o risco da aventura de criar, sem o qual não há criação. No lugar deste risco que deve ser corrido (a existência humana é risco) e que também caracteriza a coragem do compromisso, a alienação estimula o formalismo, que funciona como uma espécie de cinto de segurança.

Daí o homem alienado, inseguro e frustrado, ficar mais na forma que no conteúdo; ver as coisas mais na superfície que em seu interior

---

[5] Esta é a razão pela qual defendemos (para bolsistas nacionais que vão estudar em cursos de formação ou aperfeiçoamento em centros estrangeiros de outro nível econômico e tecnológico) um curso prévio e profundo sobre seu país, sobre sua realidade histórica, econômica, social e cultural, sobre as condições concretas de seu atuar etc. Muitos dos jovens latino-americanos, ao voltarem a seus países, sentem-se como estrangeiros frustrados ou reforçam o número dos transplantes de experiências de outro espaço e de outro tempo histórico. São mais compromissos inautênticos.

Seu "pensamento" não tem força instrumental porque nasce de seu contexto para voltar a ele. Constitui-se na nostalgia de mundos alheios e distantes. Seu "pensamento", finalmente, não tem força, nem para o seu mundo, porque dele não nasceu, nem para o outro, o mundo imaginário da sua nostalgia.

Desta forma, como comprometer-se?

Entretanto, no momento em que a sociedade se volta sobre si mesma e se inscreve na difícil busca de sua autenticidade, começa a dar evidentes sinais de preocupação pelo seu projeto histórico.

Quanto mais cresce esta preocupação, mais desfavorável se torna o clima para o compromisso.

Estamos convencidos de que o momento histórico da América Latina exige de seus profissionais uma séria reflexão sobre sua realidade, que se transforma rapidamente, e da qual resulte sua inserção nela. Inserção esta que, sendo crítica, é compromisso verdadeiro. Compromisso com os destinos do país. Compromisso com seu povo. Com o homem concreto. Compromisso com o ser mais deste homem.

Se, numa sociedade preponderantemente alienada, o profissional, pela natureza mesma da sociedade hierarquicamente estruturada, é um privilegiado, numa sociedade que se está abrindo o profissional é um comprometido ou deve sê-lo.

Fugir da concretização deste compromisso é não só negar-se a si mesmo como negar o projeto nacional.

2

A EDUCAÇÃO E O PROCESSO DE MUDANÇA SOCIAL

1. Introdução

Não é possível fazer uma reflexão sobre o que é a educação sem refletir sobre o próprio homem.

Por isso, é preciso fazer um estudo filosófico-antropológico. Comecemos por pensar sobre nós mesmos e tratemos de encontrar, na natureza do homem, algo que possa constituir o núcleo fundamental no qual se sustente o processo de educação.

Qual seria este núcleo captável a partir de nossa própria experiência existencial?

Este núcleo seria o inacabamento ou a inconclusão do homem.

O cão e a árvore também são inacabados, mas o homem se sabe inacabado e por isso se educa. Não haveria educação se o homem fosse um ser acabado. O homem pergunta-se: Quem sou? De onde venho? Onde posso estar? O homem pode refletir sobre si mesmo e colocar-se num determinado momento, numa certa realidade: é um ser na busca constante de ser mais e, como pode fazer esta autorreflexão, pode descobrir-se como um ser inacabado, que está em constante busca. Eis aqui a raiz da educação.

A educação é uma resposta da finitude da infinitude. A educação é possível para o homem, porque este é inacabado e sabe-se inacabado. Isto leva-o à sua perfeição. A educação, portanto, implica uma busca realizada por um sujeito que é o homem. O homem deve ser o sujeito de sua própria educação. Não pode ser o objeto dela. Por isso, ninguém educa ninguém.

Por outro lado, a busca deve ser algo e deve traduzir-se em ser mais: é uma busca permanente de "si mesmo" (eu não posso pretender que meu filho seja mais em minha busca e não na dele).

Sem dúvida, ninguém pode buscar na exclusividade, individualmente. Esta busca solitária poderia traduzir-se em um ter mais, que é uma forma de ser menos. Esta busca deve ser feita com outros seres que também procuram ser mais e em comunhão com outras consciências, caso contrário se faria de umas consciências objetos de outras. Seria "coisificar" as consciências.

Jaspers disse: "Eu sou na medida em que os outros também são."

O homem não é uma ilha. É comunicação. Logo, há uma estreita relação entre comunhão e busca.

2. Saber-ignorância

A educação tem caráter permanente. Não há seres educados e não educados. Estamos todos nos educando. Existem graus de educação, mas estes não são absolutos.

O homem, por ser inacabado, incompleto, não sabe de maneira absoluta. Somente Deus sabe de maneira absoluta.

A sabedoria parte da ignorância. Não há ignorantes absolutos. Se num grupo de camponeses conversarmos sobre colheitas, devemos ficar atentos para a possibilidade de eles saberem muito mais do que nós.

Se eles sabem selar um cavalo e sabem quando vai chover, se sabem semear etc., não podem ser ignorantes (durante a Idade Média, saber selar um cavalo representava alto nível técnico), o que lhes falta é um saber sistematizado.

O saber se faz através de uma superação constante. O saber superado já é uma ignorância. Todo saber humano tem em si o testemunho do novo saber que já anuncia. Todo saber traz consigo sua própria superação. Portanto, não há saber nem ignorância absoluta: há somente uma relativização do saber ou da ignorância.

Por isso, não podemos nos colocar na posição do ser superior que ensina um grupo de ignorantes, mas sim na posição humilde daquele que comunica um saber relativo a outros que possuem outro saber relativo. (É preciso saber reconhecer quando os educandos sabem mais e fazer com que eles também saibam com humildade.)

3. Amor-desamor

O amor é uma tarefa do sujeito. É falso dizer que o amor não espera retribuições. O amor é uma intercomunicação íntima de duas consciências que se respeitam. Cada um tem o outro como sujeito de seu amor. Não se trata de apropriar-se do outro.

Nesta sociedade há uma ânsia de impor-se aos demais numa espécie de chantagem de amor. Isto é uma distorção do amor. Quem ama o faz amando os defeitos e as qualidades do ser amado.

Ama-se na medida em que se busca comunicação, integração a partir da comunicação com os demais.

Não há educação sem amor. O amor implica luta contra o egoísmo. Quem não é capaz de amar os seres inacabados não pode educar. Não há educação imposta, como não há amor imposto. Quem não ama não compreende o próximo, não o respeita.

Não há educação do medo. Nada se pode temer da educação quando se ama.

4. Esperança-desesperança

Com base no inacabamento, nasce o problema da esperança e da desesperança. Podemos fazer dele o objeto de nossa reflexão. Eu espero na medida em que começo a busca, pois não seria possível buscar sem esperança.

Uma educação sem esperança não é educação. Quem não tem esperança na educação dos camponeses deverá procurar trabalho noutro lugar.

5. O homem — um ser de relações

O homem está no mundo e com o mundo. Se apenas estivesse no mundo não haveria transcendência nem se objetivaria a si mesmo. Mas como pode objetivar-se, pode também distinguir entre um eu e um não eu.

Isto o torna um ser capaz de relacionar-se; de sair de si; de projetar-se nos outros; de transcender. Pode distinguir órbitas existenciais distintas de si mesmo.

Estas relações não se dão apenas com os outros, mas se dão no mundo, com o mundo e pelo mundo (nisto se apoiaria o problema da religião).

O animal não é um ser de relações, mas de contatos. Está no mundo e não com o mundo.

6. Características

A primeira característica desta relação é a de refletir sobre este mesmo ato. Existe uma reflexão do homem face à realidade. O homem tende a captar uma realidade, fazendo-a objeto de seus conhecimentos. Assume a postura de um sujeito cognoscente de um objeto cognoscível. Isto é próprio de todos os homens e não privilégio de alguns (por isso a consciência reflexiva deve ser estimulada: conseguir que o educando reflita sobre sua própria realidade).

Quando o homem compreende sua realidade, pode levantar hipóteses sobre o desafio dessa realidade e procurar soluções. Assim, pode transformá-la e com seu trabalho pode criar um mundo próprio: seu eu e suas circunstâncias.

O homem enche de cultura os espaços geográficos e históricos. Cultura é tudo o que é criado pelo homem. Tanto uma poesia como uma frase de saudação. A cultura consiste em recriar e não em repetir. O homem pode fazê-lo porque tem uma consciência capaz de captar o mundo e transformá-lo. Isto nos leva a uma segunda característica da relação: a consequência, resultante da criação e recriação que assemelha o homem a Deus. O homem não é, pois, um homem para a adaptação. A educação não é um processo de adaptação do indivíduo à sociedade. O homem deve transformar a realidade para ser mais (a propaganda política ou comercial fazem do homem um objeto).

O homem se identifica com sua própria ação: objetiva o tempo, temporaliza-se, faz-se homem-história.

O animal está sob o tempo. Para ele não há ontem nem amanhã. Está sob uma eternidade esmagadora. Está encharcado pelo tempo e por isso não tem tempo.

Para Deus também não existe tempo, porque está sobre ele. O homem, ao contrário, está no tempo e abre uma janela no tempo: dimensiona-se, tem consciência de um ontem e de um amanhã.

O homem primitivo viveu sob o tempo, e quando teve consciência do tempo se historicizou.

Deus vive no presente e para ele o meu futuro é presente. Por isso não podemos dizer que Deus prevê, mas que vê tudo no seu presente.

As relações do homem são também temporais, transcendentes. O homem pode transcender sua imanência e estabelecer relação com os seres infinitos. Mas esta relação não pode ser uma domesticação, submissão ou resignação diante do ser infinito.

As relações ou contatos dos animais são reflexos. Apesar de a psicologia revelar certa inteligência (como a de crianças de três anos) em alguns animais, esta inteligência se restringe ao mecânico e ao reflexo.

Em segundo lugar, as relações dos animais são inconsequentes, já que estes não têm liberdade para criar ou não criar. As abelhas, por exemplo, não podem fazer um mel especial para consumidores mais exigentes. Estão determinadas pelo instinto.

Uma educação que pretendesse adaptar o homem estaria matando suas possibilidades de ação, transformando-o em abelha. A educação deve estimular a opção e afirmar o homem como homem. Adaptar é acomodar, não transformar.

O homem integra-se e não se acomoda. Existe, contudo, uma adaptação ativa.

Quanto mais dirigidos são os homens pela propaganda ideológica, política ou comercial, tanto mais são objetos e massas.

Quanto mais o homem é rebelde e indócil, tanto mais é criador, apesar de em nossa sociedade se dizer que o rebelde é um ser inadaptado.

Os contatos além disso não são temporais, porque os animais não podem fazer sua própria história.

Os contatos são intranscendentes, porque os animais estão submersos em sua imanência.

Em resumo:

As relações são:	*Os contatos são:*
Reflexivas	Reflexos
Consequentes	Inconsequentes
Transcendentes	Intranscendentes
Temporais	Intemporais

7. O ímpeto criador do homem

Em todo homem existe um ímpeto criador. O ímpeto de criar nasce da inconclusão do homem. A educação é mais autêntica quanto mais desenvolve este ímpeto ontológico de criar. A educação deve ser desinibidora e não restritiva. É necessário darmos oportunidade para que os educandos sejam eles mesmos.

Caso contrário domesticamos, o que significa a negação da educação. Um educador que restringe os educandos a um plano pessoal impede-os de criar. Muitos acham que o aluno deve repetir o que o professor diz na classe. Isso significa tomar o sujeito como instrumento.

O desenvolvimento de uma consciência crítica que permite ao homem transformar a realidade se faz cada vez mais urgente. Na medida em que os homens, dentro de sua sociedade, vão respondendo aos desafios do mundo, vão temporalizando os espaços geográficos e vão fazendo história pela sua própria atividade criadora.

8. Conceito de sociedade em transição

Uma determinada época histórica é constituída por determinados valores, com formas de ser ou de comportar-se que buscam plenitude.

Enquanto estas concepções se envolvem ou são envolvidas pelos homens, que procuram a plenitude, a sociedade está em constante mudança. Se os fatores rompem o equilíbrio, os valores começam a decair; esgotam-se, não correspondem aos novos anseios da sociedade. Mas como esta não morre, os novos valores começam a buscar a plenitude. A este período, chamamos transição. Toda transição é mudança, mas não vice-versa (atualmente estamos numa época de transição).

Não há transição que não implique um ponto de partida, um processo e um ponto de chegada. Todo amanhã se cria num ontem, através de um hoje. De modo que o nosso futuro baseia-se no passado e se corporifica no presente. Temos de saber o que fomos e o que somos, para saber o que seremos.

9. Características de uma sociedade fechada

A sociedade fechada latino-americana foi uma sociedade colonial. Em algumas formas básicas de seu comportamento observamos que, geralmente, o ponto de decisão econômica desta sociedade está fora dela. Isso significa que este ponto está dentro de outra sociedade. Esta outra é a sociedade matriz: Espanha ou Portugal em nossa realidade latino-americana. Esta sociedade matriz é a que tem opções; em troca, as demais sociedades somente recebem ordens. Assim é possível falar de "sociedade-sujeito" e de "sociedade-objeto". Esta última opera necessariamente como um satélite comandado pelo seu ponto de decisão: é uma sociedade periférica e não reflexiva.

O ponto de decisão ou sociedade matriz fortifica-se e procura na outra sociedade a matéria-prima, e a transforma em produtos manufaturados, que vende às mesmas sociedades-objetos. O custo, a importação, a exportação, o preço etc. são determinados pela sociedade-sujeito. Não cabe à sociedade dominada decidir. Por isso não há nela mercado interno; sua economia cresce para fora, o que significa não crescer.

O mercado é externo à sociedade-objeto e tem características cíclicas: madeira, açúcar, ferro, café, sucessivamente. Esta sociedade é predatória, não tem povo: tem massa. Não é uma entidade participante.

Nestas sociedades se instala uma elite que governa conforme as ordens da sociedade diretriz. Esta elite impõe-se às massas populares. Esta imposição faz com que ela esteja *sobre* o povo e não *com* o povo. As elites prescrevem as determinações às massas. Estas massas estão sob o processo histórico. Sua participação na história é indireta. Não deixam marcas como sujeitos, mas como objetos.

A própria organização destas sociedades se estrutura de forma rígida e autoritária. Não há mobilidade vertical ascendente: um filho de sapateiro dificilmente pode chegar a ser professor universitário. Tampouco há mobilidade descendente: o filho de um professor universitário não pode chegar a ser sapateiro, pelos preconceitos de seu pai. De modo que cada um reproduz seu *status*. Este é ganho geralmente por herança, e não por valor ou capacidade.

A sociedade fechada se caracteriza pela conservação do *status* ou privilégio e por desenvolver todo um sistema educacional para manter este *status*. Estas sociedades não são tecnológicas, são servis. Há uma dicotomia entre o trabalho manual e o intelectual. Nestas sociedades nenhum pai gostaria que seus filhos fossem mecânicos se pudessem ser médicos, mesmo que tivessem vocação para ser mecânicos.

Consideram o trabalho manual degradante; os intelectuais são dignos e os que trabalham com as mãos são indignos. Por isso as escolas técnicas se enchem de filhos das classes populares e não das elites.

Também se caracterizam pelo analfabetismo e pelo desinteresse pela educação básica dos adultos.

10. Sociedade alienada

Quando o ser humano pretende imitar outrem, já não é ele mesmo. Assim também a imitação servil de outras culturas produz uma sociedade alienada ou sociedade-objeto. Quanto mais alguém quer ser outro, tanto menos ele é ele mesmo.

A sociedade alienada não tem consciência de seu próprio existir. Um profissional alienado é um ser inautêntico. Seu pensar não está comprometido consigo mesmo, não é responsável. O ser alienado não olha para a realidade com critério pessoal, mas com olhos alheios. Por isso vive uma realidade imaginária e não a sua própria realidade objetiva. Vive através da visão de outro país. Vive-se Rússia ou Estados Unidos, mas não se vive Chile, Peru, Guatemala ou Argentina.

O ser alienado não procura um mundo autêntico. Isto provoca uma nostalgia: deseja outro país e lamenta ter nascido no seu. Tem vergonha da sua realidade. Vive em outro país e trata de imitá-lo e se crê culto quanto menos nativo é. Diante de um estrangeiro tratará de esconder as populações marginais e mostrará bairros residenciais, porque pensa que as cidades mais cultas são as que têm edifícios mais altos. Como o pensar alienado não é autêntico, também não se traduz numa ação concreta.

É preciso partir de nossas possibilidades para sermos nós mesmos. O erro não está na imitação, mas na passividade com que se recebe a imitação ou na falta de análise ou de autocrítica.

Julga-se que os bolivianos ou panamenhos são preguiçosos, porque são bolivianos ou panamenhos. Por isso procura-se ser menos boliviano ou panamenho.

Acredita-se que ser grande é imitar os valores de outras nações. Sem dúvida, a grandeza se expressa através da própria vocação nativa.

Outro exemplo de alienação é a preferência pelos técnicos estrangeiros em detrimento dos nacionais.

A sociedade alienada não conhece a si mesma; é imatura, tem comportamento exemplarista, trata de conhecer a realidade por diagnósticos estrangeiros.

Os dirigentes solucionam os problemas com fórmulas que deram resultado no estrangeiro. Fazem importação de problemas e soluções. Não conhecem a realidade nativa.

Antes de admitir soluções estrangeiras, teria de se perguntar quais eram as condições e características que motivaram esses problemas. Porque o ano de 1966 da Rússia ou dos Estados Unidos não é o mesmo 1966 do Chile ou da Argentina. Somos contemporâneos no tempo, mas não na técnica.

Além do mais, os técnicos estrangeiros chegam com soluções fabulosas, sem um julgamento prévio, que não correspondem à nossa idiossincrasia.

As soluções importadas devem ser reduzidas sociologicamente, isto é, estudadas e integradas num contexto nativo. Devem ser criticadas e adaptadas; neste caso, a importação reinventada ou recriada. Isto já é desalienação, o que não significa senão autovaloração.

Geralmente, as elites acusam o povo de fraqueza ou incapacidade, e por isso suas soluções não dão resultado. Assim, as atitudes dos dirigentes oscilam entre um otimismo ingênuo e um pessimismo ou desespero. É ingenuidade pensar que a simples importação de soluções salvará o povo. Isso se passa entre os candidatos que, por não conhecerem a fundo os problemas do poder, fazem mil promessas e, ao chegar ao poder, encontram mil obstáculos que, às vezes, os fazem cair no desânimo. Não se trata de desonestidade, mas de ingenuidade.

11. Uma sociedade em transição

A sociedade fechada, quando sofre pressão de determinados fatores externos, se espedaça mas não se abre; uma sociedade está se abrindo quando começa o processo de desalienação com o surgimento de novos valores. Assim, por exemplo, a ideia da participação popular no poder. Nesta sociedade em transição se está numa posição progressista ou reacionária; não se pode estar com os braços cruzados. É preciso procurar uma nova escala de valores. O velho e o novo têm valor na medida em que são válidos. Ou se dirige a sociedade para ontem ou para o amanhã que se anuncia hoje. As atitudes reacionárias são as que não satisfazem o processo e os valores requeridos pela sociedade de hoje.

Existe uma série de fenômenos sociológicos que têm ligação com o papel do educador. Nesta etapa da sociedade existem, primeiramente, as massas populares espectadoras passivas. Quando a sociedade se incorpora nelas, começa um processo chamado democratização fundamental. É um crescente ímpeto para participar. As massas populares começam a se procurar e a procurar seu processo histórico. Com a ruptura da sociedade, as massas começam a emergir e esta emersão se traduz numa exigência das massas por participar: é a sua presença no processo.

As massas descobrem na educação um canal para um novo *status* e começam a exigir mais escolas. Começam a ter uma apetência que não tinham. Existe uma correspondência entre a manifestação das massas e a reivindicação. É o que chamamos educação das massas.

As massas passam a exigir voz e voto no processo político da sociedade. Percebem que outros têm mais facilidade que elas e descobrem que a educação lhes abre uma perspectiva. Às vezes emergem em posição ingênua, de rebelião e não revolucionária, ao se defrontarem com os obstáculos. Começam a exigir e a criar problemas para as elites. Estas agem torpemente, esmagando as massas e acusando-as de comunismo. As massas querem participar mais na sociedade. As elites acham que isso é um absurdo e criam instituições de assistência social para domesticá-las. Não prestam serviços, atuam paternalisticamente, o que é uma forma de colonialismo.

Procura-se tratá-las como crianças para que continuem sendo crianças.

Uma sociedade justa dá oportunidade às massas para que tenham opções e não a opção que a elite tem, mas a própria opção das massas. A consciência criadora e comunicativa é democrática.

As convicções devem ser profundas, porém nunca impostas aos demais; através do diálogo se tratará de convencer com amor; o contrário seria sectarismo. O sectarismo não é crítica, não ama, não dialoga, não comunica, não faz comunicados. No processo histórico, os sectários comportam-se como inimigos; consideram-se donos da história. O sectarismo pretende conquistar o poder com as massas, mas estas depois não participam do poder. Para que haja revolução das massas é necessário que estas participem do poder.

12. A "CONSCIÊNCIA BANCÁRIA" DA EDUCAÇÃO

As sociedades latino-americanas começam a se inscrever neste processo de abertura, umas mais que outras, mas a educação ainda permanece vertical. O professor ainda é um ser superior que ensina a ignorantes. Isto forma uma consciência bancária. O educando recebe passivamente os conhecimentos, tornando-se um depósito do educador. Educa-se para arquivar o que se deposita. Mas o curioso é que o arquivado é o próprio homem, que perde assim seu poder de criar, se faz menos homem, é uma peça. O destino do homem deve ser criar e transformar o mundo, sendo o sujeito de sua ação.

A consciência bancária "pensa que quanto mais se dá mais se sabe". Mas a experiência revela que com este mesmo sistema só se formam indivíduos medíocres, porque não há estímulo para a criação.

Por outro lado, quem aparece como criador é um inadaptável e deve nivelar-se aos medíocres. O professor arquiva conhecimentos porque não os concebe como busca e não busca, porque não é desafiado pelos seus alunos. Em nossas escolas se enfatiza muito a consciência ingênua.

13. A CONSCIÊNCIA E SEUS ESTADOS

A consciência se reflete e vai para o mundo que conhece: é o processo de adaptação. A consciência é temporalizada. O homem é consciente e, na medida em que conhece, tende a se comprometer com a própria realidade.

O primeiro estado da consciência é a intransitividade (tomou-se este termo da noção gramatical de verbo intransitivo: aquele que não deixa passar sua ação a outro). Existe neste estado uma espécie de quase compromisso com a realidade. A consciência intransitiva, contudo, não é consciência fechada. Resulta de um estreitamento no poder de captação da consciência. É uma escuridão a ver ou ouvir os desafios que estão mais além da órbita vegetativa do homem. Quanto mais se distancia da captação da realidade, mais se aproxima da captação mágica ou supersticiosa da realidade.

A intransitividade produz uma consciência mágica. As causas que se atribuem aos desafios escapam à crítica e se tornam superstições.

Se uma comunidade sofre uma mudança, econômica, por exemplo, a consciência se promove e se transforma em transitiva. Num primeiro momento essa consciência é ingênua. Em grande parte é mágica. Este passo é automático, mas o passo para a consciência crítica não é. Ele somente se dá com um processo educativo de conscientização. Este passo exige um trabalho de promoção e critização. Se não se faz este processo educativo, só se intensifica o desenvolvimento industrial ou tecnológico e a consciência sofrerá um abalo e será uma consciência fanática. Este fanatismo é próprio do homem massificado.

Na consciência ingênua há uma busca de compromisso; na crítica há um compromisso; e, na fanática, uma entrega irracional.

A consciência intransitiva responde a um desafio com ações mágicas porque a compreensão é mágica.

Geralmente em todos nós existe algo de consciência mágica: o importante é superá-la.

Características da consciência ingênua

1. Revela uma certa simplicidade, tendente a um simplismo, na interpretação dos problemas, isto é, encara um desafio de maneira simplista ou com simplicidade. Não se aprofunda na casualidade do próprio fato. Suas conclusões são apressadas, superficiais.
2. Há também uma tendência a considerar que o passado foi melhor. Por exemplo: os pais que se queixam da conduta de seus filhos, comparando-a ao que faziam quando jovens.
3. Tende a aceitar formas gregárias ou massificadoras de comportamento. Esta tendência pode levar a uma consciência fanática.
4. Subestima o homem simples.
5. É impermeável à investigação. Satisfaz-se com as experiências. Toda concepção científica para ela é um jogo de palavras. Suas explicações são mágicas.
6. É frágil na discussão dos problemas. O ingênuo parte do princípio de que sabe tudo. Pretende ganhar a discussão com argumentações frágeis. É polêmico, não pretende esclarecer. Sua discussão é feita mais de emocionalidades

que de criticidades: não procura a verdade; trata de impô-la e procurar meios históricos para convencer com suas ideias. É curioso ver como os ouvintes se deixam levar pela manha, pelos gestos e pelo palavreado. Trata de brigar mais, para ganhar mais.
7. Tem forte conteúdo passional. Pode cair no fanatismo ou sectarismo.
8. Apresenta fortes compreensões mágicas.
9. Diz que a realidade é estática e não mutável.

Características da consciência crítica

1. Anseio de profundidade na análise de problemas. Não se satisfaz com as aparências. Pode-se reconhecer desprovida de meios para a análise do problema.
2. Reconhece que a realidade é mutável.
3. Substitui situações ou explicações mágicas por princípios autênticos de causalidade.
4. Procura verificar ou testar as descobertas. Está sempre disposta às revisões.
5. Ao se deparar com um fato, faz o possível para livrar-se de preconceitos. Não somente na captação, mas também na análise e na resposta.
6. Repele posições quietistas. É intensamente inquieta. Torna-se mais crítica quanto mais reco-

nhece em sua quietude a inquietude, e vice-versa. Sabe que é na medida que é e não pelo que parece. O essencial para parecer algo é ser algo; é a base da autenticidade.
7. Repele toda transferência de responsabilidade e de autoridade e aceita a delegação das mesmas.
8. É indagadora, investiga, força, choca.
9. Ama o diálogo, nutre-se dele.
10. Face ao novo, não repele o velho por ser velho, nem aceita o novo por ser novo, mas aceita-os na medida em que são válidos.

3
O PAPEL DO TRABALHADOR SOCIAL NO PROCESSO DE MUDANÇA[6]

PARECE-NOS INDISCUTÍVEL que nossa primeira preocupação, em se tratando de discutir "o papel do trabalhador social no processo de mudança", deva ser a de refletir sobre esta própria frase.

A principal vantagem desse procedimento é que a frase proposta revelar-se-á diante de nós no seu sentido profundo. A análise crítica da frase nos possibilitará perceber a relação de seus termos, na formação de um pensamento estruturado, que envolve um tema significativo.

Não será possível — diga-se desde já — a discussão do tema contido na frase proposta se não se tiver dele uma compreensão comum, mesmo partindo de diferentes pontos de vista.

Esta análise crítica, que nos leva a uma apreensão mais profunda do significado da frase, supera a visão

---
[6] Parte deste texto foi traduzida e adaptada pelo próprio autor e publicada no livro *Ação cultural para a liberdade e outros escritos*. Rio de Janeiro: Paz e Terra, 1976 [13ª edição, São Paulo: Paz e Terra, 2011]. [N.T.]

ingênua, que, sendo simplista, nos deixa na periferia de tudo o que tratamos.

Para o ponto de vista crítico, que aqui defendemos, o ato de olhar implica outro: o de ad-mirar.[7] Admiramos e, ao penetrarmos no que foi admirado, o olhamos de dentro e daí de dentro aquilo que nos faz ver.

Na ingenuidade, que é uma forma "desarmada" de enfrentamento da realidade, apenas olhamos e, porque não ad-miramos, não podemos adentrar o que é olhado, não vendo o que está sendo olhado. Por isso, é necessário que admiremos a frase proposta para, olhando-a de dentro, reconhecê-la como algo que jamais poderá ser reduzido ou rebaixado a um simples clichê.

A frase em discussão não é um conjunto de meros sons com rótulo estático, "uma frase feita". Como dissemos, envolve um tema significativo. Ela é, em si, um problema, um desafio.

Se apreciarmos a frase como um clichê, ficando na sua superfície, provavelmente não faremos outra coisa que discutir sobre outros clichês, que nos foram "depositados" ou, em outras palavras, sobre conceitos temáticos que nos foram propostos como clichês.

---

7 Chamamos a atenção do leitor para a relação entre as palavras "mirar" (olhar) e "ad-mirar", no espanhol. [N.T.]

Assim, um trabalho de análise crítica do texto proposto, que nos permita a compreensão de seu contexto total, no qual se encontra o tema desafiador, vai nos possibilitar outro trabalho fundamental: a separação do contexto nas suas partes constitutivas.

Esta separação do contexto total em suas partes nos permite retornar a ele, de onde partimos, pela operação de ad-mirar, alcançando, desta maneira, uma compreensão mais vertical e também dinâmica de sua significação.

Se, depois da ad-miração do texto, que nos permitiu a compreensão do contexto total, procedemos à sua separação, constatamos através desta interação entre suas partes que, por isso mesmo, se nos apresentam como "corresponsáveis pela significação do texto".

Ad-mirar, olhar por dentro, separar para voltar a olhar o todo ad-mirado, que é um ir para o todo, um voltar para suas partes, o que significa separá-las, são operações que só se dividem pela necessidade que o espírito tem de abstrair para alcançar o concreto. No fundo são operações que se implicam dialeticamente.

Então, ao admirar por dentro a frase que contém um tema desafiador, ao separá-la em seus elementos, descobrimos que o termo *papel* acha-se modificado por uma expressão restritiva, que limita sua "extensão": *do trabalhador social*. Nesta, por outro lado, há um qualificativo, *social*, que incide sobre a "compreensão" do termo *trabalhador*.[8]

Esta subunidade da estrutura social, *papel do trabalhador social*, liga-se à segunda, o *processo de mudança*, que representa, conforme a compreensão da frase, "onde" o *papel* se cumpre através do conectivo *em*.

Contudo, há algo a considerar depois desta análise. É que através dela fica claro que o papel do trabalhador social se dá no processo de mudança. Esta é, sem dúvida, a inteligência da frase em estudo.

Esta não será, contudo, a mesma conclusão à qual chegaremos quando analisarmos não mais a própria frase, mas o quefazer do trabalhador social. Ao fazê-lo descobriremos um equívoco na frase proposta, pois o papel do trabalhador social não se dá no processo de mudança em si, mas num domínio mais amplo. Domínio do qual a mudança é uma das dimensões.

Naturalmente, este domínio específico no qual atua o trabalhador social é a estrutura social.

---

[8] A extensão de um termo é o número de indivíduos aos quais se aplica o termo. No caso do termo *papel*, sua extensão é o conjunto de quefazeres que se pode chamar de *papel*. A compreensão, por sua vez, é a soma de qualidades que dão a significação do termo. Quanto maior é a compreensão de um termo, menor é sua extensão ou vice-versa. Entre os termos homem e cientista, este tem uma compreensão maior e uma extensão menor. Todo cientista é homem (genericamente falando), contudo, nem todo homem é cientista.

Por isso é que é preciso tomá-la na sua complexidade. Se não a entendemos em seu dinamismo e em sua estabilidade, não teremos dela uma visão crítica.

Efetivamente, a mudança e a estabilidade, o dinamismo e o estático constituem a estrutura social.

Não há nenhuma estrutura que seja exclusivamente estática, como não há uma absolutamente dinâmica.

A estrutura social não poderia ser somente mutável, porque, se não houvesse o oposto da mudança, sequer a conheceríamos. Em troca, não poderia ser também só estática, pois se assim fosse já não seria humana, histórica, e, ao não ser histórica, não seria estrutura social.

Não há permanência da mudança fora do estático, nem deste fora da mudança. O único que permanece na estrutura social, realmente, é o jogo dialético da mudança-estabilidade. Desta forma, a essência do ser da estrutura social não é a mudança nem o estático, tomados isoladamente, mas a "duração" da contradição entre ambos.[9]

De fato, na estrutura social, não há estabilidade nem mudança da mudança. O que há é a estabilidade e

---

9 "Duração" é um conceito bergsoniano, sinônimo de tempo real: Bergson o opõe ao de tempo artificial ou quantitativo dos matemáticos e dos físicos. Considera a duração, como um processo, o aspecto mais importante da vida humana.
Ao aplicar seu conceito de "duração" para caracterizar a contradição estabilidade-mudança como um processo que se dá permanentemente no tempo vivido pelos homens, não estamos aceitando seu intuicionismo na formação da realidade.

a mudança de formas dadas. Por isso se observam aspectos de uma mesma estrutura, visivelmente mutáveis, contraditórios que, alcançados pela "demora" e pela "resistência" culturais, mantêm-se resistentes à transformação.

Mas se toda a estrutura social, que é histórica, tem como expressão de sua forma de ser a "duração" da dialética mudança-estabilidade, é necessário que se tenha dela uma visão crítica. Quem são? São "em si" algo independente da realidade que comandam? Simples aparências?

Realmente, mudança e estabilidade não são um "em si", algo separado ou independente da estrutura; não são um engano da percepção.

Mudança e estabilidade resultam ambas da ação, do trabalho que o homem exerce sobre o mundo. Como um ser de práxis, o homem, ao responder aos desafios que partem do mundo, cria seu mundo: o mundo histórico-cultural.

O mundo de acontecimentos, de valores, de ideias, de instituições. Mundo da linguagem, dos sinais, dos significados, dos símbolos.

Mundo da opinião e mundo do saber. Mundo da ciência, da religião, das artes, mundo das relações de produção. Mundo finalmente humano.

Todo este mundo histórico-cultural, produto da práxis humana, se volta sobre o homem, condicionando-o. Criado por ele, o homem não pode, sem dúvida, fugir dele. Não pode fugir do condicionamento de sua própria produção.

Como dissemos antes, não há estabilidade da estabilidade nem mudança da mudança, mas estabilidade e mudança de algo.

Assim, dentro deste universo criado pelo homem, a mudança e a estabilidade da sua própria criação aparecem como tendências que se contradizem.

Esta é a razão pela qual não há mundo humano isento desta contradição. Por isso, não se pode dizer do mundo animal que ele está *sendo*: o mundo humano só *é* porque está *sendo*; e só *está sendo* na medida em que se dialetizam a mudança e o estático.

Enquanto a mudança implica, em si mesma, uma constante ruptura, ora lenta, ora brusca, da inércia, a estabilidade encarna a tendência desta pela cristalização da criação. Enquanto a estrutura social se renova através da mudança de suas formas, da mudança de suas instituições econômicas, políticas, sociais, culturais, a estabilidade representa a tendência à normalização da estrutura.[10]

Desta forma, não se pode estudar a mudança sem estudar a estabilidade; estudar uma é estudar a outra. Assim também, tê-las como objeto da reflexão é

---

10 A cristalização de hoje é a mudança que se operou ontem numa outra cristalização. Por isso é que nada de novo nasce de si mesmo, mas sim do velho que antes foi novo. Por isso também, tudo o que é novo, ao tomar forma, faz seu "testamento" ao novo que nascerá dele, quando se esgotar e ficar velho.

submeter a estrutura social a essa mesma reflexão; como refletir sobre esta é refletir sobre aquelas.

Falar pois do papel do trabalhador social implica a análise da mudança e da estabilidade como expressões da forma de ser da estrutura social. Estrutura social que se lhe oferece como campo de seu quefazer.

Deste modo, o trabalhador social que atua numa realidade, a qual, mudando, permanece para mudar novamente, precisa saber que, como homem, somente pode entender ou explicar a si mesmo como um ser em relação com esta realidade; que seu quefazer nesta realidade se dá com outros homens, tão condicionados como ele pela realidade dialeticamente permanente e mutável e que, finalmente, precisa conhecer a realidade na qual atua com os outros homens.

Este conhecimento, sem dúvida, não pode reduzir-se ao nível de pura opinião (*doxa*) sobre a realidade. Faz-se necessário que a área da simples *doxa* alcance o *logos* (saber) e, assim, canalize para a percepção do *ontos* (essência da realidade).

Este movimento da pura *doxa* ao *logos* não se faz, contudo, com um esforço estritamente intelectualista, mas na indivisibilidade da reflexão e da ação da práxis humana.

Na ação que provoca uma reflexão que se volta a ela, o trabalhador social irá detectando o caráter preponderante da mudança ou estabilidade, na realidade social na qual se encontra. Irá percebendo as forças que na realidade social estão com a mudança e aquelas que estão com a permanência.

As primeiras, olhando para a frente, no curso da história, que também é futuridade que deve ser feita, têm uma atitude progressista; as segundas, olhando para trás, pretendem parar o tempo e assumem uma posição antimudança.

É necessário, porém, que o trabalhador social se preocupe com algo já enfatizado nestas considerações: que a estrutura social é obra dos homens e que, se assim for, a sua transformação será também obra dos homens. Isso significa que a sua tarefa fundamental é a de serem sujeitos e não objetos de transformação. Tarefa que lhes exige, durante sua ação sobre a realidade, um aprofundamento da sua tomada de consciência da realidade, objeto de atos contraditórios daqueles que pretendem mantê-la como está e dos que pretendem transformá-la.

Por isso, o trabalhador social não pode ser um homem neutro frente ao mundo, um homem neutro frente à desumanização ou humanização, frente à permanência do que já não representa os caminhos do humano ou à mudança destes caminhos.

O trabalhador social, como homem, tem que fazer sua opção. Ou adere à mudança que ocorre no sentido da verdadeira humanização do homem, de seu ser mais, ou fica a favor da permanência.

Isso não significa, contudo, que deva, em seu trabalho pedagógico, impor sua opção aos demais. Se atua desta forma, apesar de afirmar sua opção pela libertação do homem e pela sua humanização, está trabalhando de maneira contraditória, isto é, manipulando; adapta-se somente à ação domesticadora do homem que, em lugar de libertá-lo, o prende.

Deste modo, a opção feita pelo trabalhador social irá determinar tanto o seu papel como seus métodos e suas técnicas de ação. É uma ingenuidade pensar num papel abstrato, num conjunto de métodos e técnicas neutros para uma ação que se dá entre homens, numa realidade que não é neutra. Isto só seria possível se fosse possível um absurdo: que o trabalhador social não fosse um homem submetido como os demais aos mesmos condicionamentos da estrutura social, que exige dele, como dos demais, uma opção frente às contradições constitutivas da estrutura. Assim, se a opção do trabalhador social é pela antimudança, sua ação e seus métodos se orientarão no sentido de frear as transformações. Em lugar de desenvolver um trabalho, através do qual a realidade objetiva, a estrutura social, vá se desvelando a ele e aos homens com que trabalha num esforço crítico comum, se preocupará por mitificar a realidade. Em lugar de ater-se a esta situação problemática, que desafia a ele e aos homens com que deveria estar em comunicação, tenderá, pelo contrário, às soluções de caráter assistencialista. Em lugar de sentir-se, como trabalhador social, um homem a serviço da libertação, da humanização, vocação fundamental do homem, temendo a libertação na qual vê uma ameaça ao que considera sua paz, se encaminha no sentido da paralisação. Encaminhar-se no sentido da paralisação não é outra coisa senão pretender, com ações e reações, "normalizar" a estrutura social através da ênfase na estabilidade, no seu jogo com a mudança.[11]

O assistente social que faz esta opção pode (quase sempre tenta) disfarçá-la, fingindo aderir à mudança, mas ficando, sem dúvida, ou com certeza, nas meias mudanças, que é uma forma de não mudar.

Um dos sinais da opção pela antimudança é a inquietude acrítica do trabalhador social diante das consequências da mudança; é um receio quase mágico à novidade, que é para ele sempre uma interrogação, cuja resposta parece ameaçar seu *status quo*. Por isso que em métodos de ação não há lugar para a comunicação, para a colaboração, mas sim para a manipulação ostentativa ou disfarçada.

O trabalhador social que opta pela antimudança não pode realmente interessar-se pelo desenvolvimento

---

[11] Ainda que nosso pensamento nos pareça claro neste último parágrafo, sublinhamos, contudo, que a normalização à qual nos estamos referindo — daí colocarmos entre aspas o verbo "normalizar" — não é a de quem, pretendendo a mudança, necessita frear os que não a querem, mas a de quem, repelindo a mudança, luta por normalizar o *status quo*.

de uma percepção crítica da realidade por parte dos indivíduos. Não pode interessar-se pelo exercício de reflexão dos indivíduos sobre a sua ação, sobre a própria percepção que possam ter da realidade. Não lhe interessa a revisão da percepção condicionada pela estrutura social em que se encontram.

No momento em que os indivíduos, atuando e refletindo, são capazes de perceber o condicionamento de sua percepção pela estrutura em que se encontram, sua percepção muda, embora isso não signifique, ainda, a mudança da estrutura. Mas a mudança da percepção da realidade, que antes era vista como algo imutável, significa para os indivíduos vê-la como realmente é: uma realidade histórico-cultural, humana, criada pelos homens e que pode ser transformada por eles.

A percepção ingênua da realidade, da qual resultava uma postura fatalista — condicionada pela própria realidade —, cede seu lugar a uma percepção capaz de se ver. E se o homem é capaz de perceber-se, enquanto percebe uma realidade que lhe parecia "em si" inexorável, é capaz de objetivá-la, descobrindo sua presença criadora e potencialmente transformadora desta mesma realidade. O fatalismo diante da realidade, característico da percepção distorcida, cede seu lugar à esperança. Uma esperança crítica que move os homens para a transformação.

Evidentemente, esse é o objetivo do trabalhador social que opta pela mudança. Por isso que seu papel é outro e que seus métodos de ação não podem confundir-se com aqueles já mencionados, característicos da opção pela antimudança.

O trabalhador social que opta pela mudança não teme a liberdade, não prescreve, não manipula, não foge da comunicação, pelo contrário, a procura e vive. Todo seu esforço, de caráter humanista, centraliza-se no sentido da desmitificação do mundo, da desmitificação da realidade. Vê nos homens *com* quem trabalha — jamais *sobre* quem ou *contra* quem — pessoas e não "coisas", sujeitos e não objetos. E se na estrutura social concreta, objetiva, os homens são considerados simples objetos, sua opção inicial o impele para a tentativa de superação da estrutura, para que possa também operar-se a superação do estado de objeto em que estão, para se tornarem sujeitos.

O trabalhador social que opta pela mudança não vê nesta uma ameaça. Adere à mudança da estrutura social porque reconhece esta obviedade: que não pode ser trabalhador social se não for homem, se não for pessoa, e que a condição para ser pessoa é que os demais também o sejam. Ele está convencido de que se a declaração de que o homem é pessoa e como pessoa é livre não estiver associada a um esforço apaixonado e corajoso de transformação da realidade objetiva, na qual os homens se acham coisificados, então, esta é uma afirmação que carece de sentido.

Humilde no seu trabalho, não pode aceitar, sem uma justa crítica, o conteúdo ingênuo da "frase feita" e tão generalizada segundo a qual ele é *o* "agente da mudança".

Em primeiro lugar, se ele fosse *o* "agente da mudança", não seria agente da mudança da mudança, mas agente da mudança da estrutura social.

Sua ação, como agente da mudança, teria na estrutura social seu objeto. A estrutura social certamente não existe sem os homens que, tanto como ele, estão nela. Assim, reconhecer-se como *o* "agente da mudança" atribui a si a exclusividade da ação transformadora que, sem dúvida, numa concepção humanista, cabe também aos demais homens realizar. Se sua opção é pela humanização, não pode então aceitar que seja *o* "agente da mudança", mas *um* de seus agentes.

A mudança não é trabalho exclusivo de alguns homens, mas dos homens que a escolhem. O trabalhador social tem que lembrar a estes homens que são tão sujeitos como ele do processo da transformação. E se nas circunstâncias — determinadas — já mencionadas neste estudo, em que a estrutura social vem dificultando a transformação dos homens em sujeitos, seu papel não é o de reforçar o estado de objeto em que se encontram, achando que podem assim ser sujeitos, mas problematizar-lhes este estado.

Outro aspecto fundamental que não pode passar despercebido do trabalhador social é que a estrutura social, que deve ser mudada, é uma totalidade. O objetivo da ação da mudança é a superação de uma totalidade por outra, em que a nova não continue apresentando a contradição estabilidade-mudança que, como dissemos, constitui a "duração" da estrutura social, e também o histórico-cultural.

Se a estrutura social é uma totalidade, significa a existência em si de partes que, em interação, a constituem.

Uma das questões fundamentais que assim mesmo se coloca para o trabalhador social que opta pela mudança é a da validez ou não das mudanças parciais ou da mudança das partes, antes da mudança da totalidade.

Que se deve fazer: mudar as partes e assim alcançar a totalidade, ou mudar esta, para assim mudar aquelas que são seus componentes?[12]

Afirmamos neste estudo que não há mudança da mudança nem estabilidade da estabilidade, mas mudança e estabilidade de algo.

---

12 Descartamos, nesta discussão, uma distorção da percepção das partes, por sua absoluta ingenuidade. Referimo-nos à percepção das partes como absolutos em si, não tendo nada que ver umas com as outras na constituição da totalidade.
A realidade, nesta percepção, que gera uma concepção também falsa da ação, não chega a constituir uma estrutura no sentido próprio da palavra. Se presentifica focalistamente ao sujeito desta percepção. Desta maneira, a ação que parte da concepção gerada nesta falsa percepção já nasce inoperante. Daí que, em lugar de se constituir em ação transformadora, fica nas soluções puramente assistencialistas.

A estabilidade e a mudança de uma estrutura e numa estrutura não podem ser vistas em um nível simplesmente mecânico, como alguns pensam, no qual os homens fossem simples objetos da mudança ou da estabilidade, que se fizeram com forças inumanas ou sobre-humanas, sob as quais os homens deveriam ficar dóceis e conformados.

Pelo fato de que não há estrutura social que não seja humana (e histórica), a estabilidade e a mudança de e em uma estrutura implicam a presença dos homens.

Estes, por sua vez, dividem-se entre os que desejam ou não a mudança ou a estabilidade.

Seria uma ilusão ingênua pensar que não se organizassem em instituições, organismos, grupos de caráter ideológico, para a defesa de suas opções, criando, em função destas, sua estratégia e suas táticas de ação.

O problema maior que se coloca àqueles que por questão de viabilidade histórica não têm outro caminho que o da mudança gradual das partes, com a qual pretendem alcançar a mudança da totalidade, consiste em: ao mudar uma das dimensões da estrutura, as respostas a esta mudança não tardam. São respostas de caráter estrutural e respostas de caráter ideológico. De um lado, são as demais dimensões da realidade que, ao se conservarem como estão, criam obstáculos ao processo de transformação da dimensão sobre a qual está incidindo a ação transformadora; de outro lado, são as forças contrárias à mudança que tendem a se fortalecer diante da ameaça concreta da mudança de uma das dimensões em transformação.

Seria outra ingenuidade pensar que as forças contrárias à mudança não percebem que a mudança de uma parte promove a mudança de outra, até que chega a mudança da totalidade, como seria ingenuidade também não contar com a reação, sempre mais forte, a estas transformações parciais.

Esta é a razão pela qual uma estrutura social que vive este momento histórico tende a viver também, e necessariamente, o aprofundamento do antagonismo entre os que querem e os que não querem a mudança.

E na medida em que este organismo cresce, se instaura um clima de "irracionalidade", que gera novos mitos auxiliares para a manutenção do *status quo*.

O papel do trabalhador social que opta pela mudança, num momento histórico como este, não é propriamente o de criar mitos contrários, mas o de problematizar a realidade aos homens, proporcionar a desmitificação da realidade mitificada.

Aos mitos, que são os elementos básicos da ação manipuladora dos indivíduos, deve responder não com a manipulação da manipulação que realizam os que estão contra a mudança. Isto não é possível pela simples razão de que a manipulação é instrumento da desumanização — consciente ou não, pouco importa —, enquanto a tarefa de mudar, de quem está com a mudança, só se justifica em sua finalidade humanista. É impossível servir a esta finalidade com instrumentos e meios que servem à outra.

Esta é a razão pela qual o trabalhador social humanista não pode transformar sua "palavra" em ativismo nem em palavreado, pois uma e outra nada transformam realmente. Pelo contrário, será tanto mais humanista quanto mais verdadeiro for seu trabalho, quanto mais reais forem sua ação e sua reflexão com a ação e a reflexão dos homens com quem tem que estar em comunhão, colaboração, em convivência.

Observemos outro aspecto, que se apresenta como outro ponto crucial na discussão da mudança de uma estrutura social e do qual o trabalhador social deve estar ciente.

Se é ingênua uma visão focalista da realidade, que a reduz a partes que nada têm a ver entre si na formação da totalidade, não menos ingênuo é ter da estrutura social uma visão focalista de fora. Isto é, uma visão que a absolutize. Assim, uma estrutura social como um todo encontra-se em interação com outras estruturas sociais.

Estas inter-relações podem dar-se ora em sociedades-sujeitos com sociedades-sujeitos, ora em sociedades-sujeitos com sociedades-objetos. O primeiro tipo caracteriza as relações entre sociedades "seres para si"; o segundo, as relações antagônicas entre sociedades "seres para si" e sociedades "seres para outro".

Do ponto de vista filosófico, um ser que ontologicamente é "para si" se "transforma" em "ser para outro" quando, perdendo o direito de decidir, não opta e segue as prescrições de outro ser. Suas relações com este outro são as relações que Hegel chama de "consciência servil para a consciência senhorial".[13]

A sociedade cujo centro de decisão não se encontra em seu ser, mas no ser de outra, se comporta em relação a esta como um "ser para outro".

A ciência política, a sociologia, a economia, e não somente a filosofia, têm, nestas relações, objeto de suas análises específicas, dentro do quadro geral que constitui o que chamam de *dependência*.

Embora a verdadeira transformação de uma sociedade-objeto tenha de ser feita por seus homens, por ela mesma, e não pela sociedade-sujeito da qual depende, objetivamente não é possível negar o forte condicionamento ao qual está submetida neste esforço de sua transformação.

---

13 Hegel, *Fenomenologia del espíritu*. México: Fondo de Cultura Económica, 1966.

Esta é a razão pela qual nem sempre é viável a quem realmente opta pelas transformações fazê-las como gostaria e no momento em que gostaria. Além do desejo de fazê-las, há um viável ou um inviável histórico do fazer.[14]

Qualquer que seja o momento histórico em que esteja a sociedade, seja o do viável ou do inviável histórico, o papel do trabalhador social que optou pela mudança não pode ser outro senão o de atuar e refletir com os indivíduos com quem trabalha para conscientizar-se junto com eles das reais dificuldades da sua sociedade.

Isto implica a necessidade constante do trabalhador social de ampliar cada vez mais seus conhecimentos, não só do ponto de vista de seus métodos e técnicas de ação, mas também dos limites objetivos com os quais se enfrenta no seu quefazer.

Outro ponto que também exige do trabalhador social uma reflexão crítica e que se encontra no centro destas considerações é o que tem relação com a "mudança cultural". Mudança cultural da qual tanto se fala. Educação e mudança cultural, reforma agrária e mudança cultural, desenvolvimento e mudança cultural são algumas das expressões em que mudança cultural aparece, ora como um

---

14 Nenhum inviável histórico o é hoje. Amanhã não necessariamente o será.

"associado consequente", ora como "um associado eficiente" do quefazer implícito nos termos a ela referidos: educação, reforma agrária, desenvolvimento etc.

O que é mudança cultural? Antes de responder a esta pergunta, já estamos diante de outra. Que é cultural? Responder a esta pergunta implica pensar criticamente a estrutura social para tentar descobrir a forma pela qual se constitui.

A estrutura social precisamente por ser social é humana, e se não fosse humana seria uma simples "estrutura-suporte", como é para o animal que, "como um ser em si", não é capaz de "significá-la animalmente".

O homem, pelo contrário, transformando com seu trabalho o que seria seu suporte se não pudesse transformá-lo, cria sua estrutura, que se faz social e na qual se constitui o "eu social".[15]

Nas permanentes relações homem-realidade, homem-estrutura, realidade-homem, estrutura-homem origina-se a dimensão do cultural que em sentido amplo, antropológico-descritivo, é tudo o que o homem cria e recria.

Cultural, no sentido que aqui nos interessa, é tanto um instrumento primitivo de caça, de guerra, como o é a linguagem ou a obra de Picasso.

---

15 Sobre o mundo humano e o suporte animal, cf. Paulo Freire, "A propósito del tema generador". *Educação e conscientização: extensionismo rural.* Cuernavaca: CIDOC/Cuaderno 25, 1968.

Todos os produtos que resultam da atividade do homem, todo o conjunto de suas obras, materiais ou espirituais, por serem produtos humanos que se desprendem do homem, voltam-se para ele e o marcam, impondo-lhe formas de ser e de se comportar também culturais.

Sob este aspecto, evidentemente, a maneira de andar, de falar, de cumprimentar e de se vestir e os gostos são culturais. Cultural também é a visão que têm ou estão tendo os homens da sua própria cultura, da sua realidade.[16]

Assim, as expressões educação e mudança cultural, reforma agrária e mudança cultural, desenvolvimento e mudança cultural não têm a mesma significação nas estruturas sociais que estão em momentos históricos distintos.

A mudança cultural, num sentido amplo, será ou deixará de ser um "associado consequente" ou "eficiente" do quefazer conforme a estrutura social se encontre, concretamente ou não, em transformação.

Contudo, o fato de que uma estrutura social que se transforma totalmente provoque a mudança cultural como um "associado consequente" da transformação estrutural não significa que a nova estrutura não necessite de um trabalho dirigido para a mudança

---

16 "A percepção social é um produto, um derivado da estrutura das relações humanas." Robert K. Merton, *Teoría y estructura sociales*. México: Fondo de Cultura Económica, 1964, p. 117.

cultural. E isto porque o que se havia consubstanciado na velha estrutura continua na nova, até que esta, através da experiência histórica dos homens, "proporcione" formas de ser correspondentes não mais à estrutura anterior, mas à nova.[17]

No caso contrário, em que a estrutura social ainda não se transformou e na qual se enfrentam os que querem e os que não querem a mudança, a mudança estrutural de qualquer quefazer só tem uma dimensão realmente importante em que possa aparecer como "associado eficiente" do quefazer.

Esta é a dimensão na qual se procura mudar a percepção que se tem da realidade, trabalho que tem de prosseguir, como afirmamos, mesmo quando a estrutura esteja transformada na sua totalidade. Neste momento, pelo que já foi dito, com facilidades que antes não havia.

A mudança da percepção da realidade, que não pode dar-se no nível intelectualista, mas na ação e na reflexão em momentos históricos especiais, além de ser a única possibilidade de ser tentada, torna-se,

---

[17] Isto nos parece um aspecto que deve ser criticamente estimulado em todas as dimensões do trabalho da Corporación de la Reforma Agraria nas bases. A nosso ver, as atividades de base, quaisquer que sejam, as de assistência técnica em seus múltiplos aspectos, como as sanitárias, são meios para a autêntica promoção rural. Promoção na qual se encontra implícita a mudança cultural, que provoca a mudança das atitudes, da valorização etc. De forma que os técnicos que trabalham numa base não podem exercer sua técnica por ela mesma — o que tende à mitificação da técnica —, mas, ao fazer dela um instrumento de promoção humana, fazem com que a técnica tenha sentido.

como "associado eficiente", instrumento para ação da mudança.

Desta forma, a realidade objetiva, ao condicionar a percepção que dela têm os indivíduos, condiciona também a forma de enfrentá-la, suas perspectivas, suas aspirações, suas expectativas. Condiciona também os vários níveis de percepção que, por sua vez, explicam as formas de ação dos indivíduos.

Até o momento em que uma realidade for vista como algo imutável, superior às forças de resistência dos indivíduos que assim a veem, a tendência destes será adotar uma postura fatalista e sem esperança. Ainda mais e por isso mesmo, sua tendência é procurar fora da própria realidade a explicação para a sua impossibilidade de atuar.[18]

A percepção mágica da realidade, por ela condicionada, provoca uma ação também mágica diante dela, através da qual o homem tenta defender-se do incerto.[19]

---

18 Em torno das "situações-limite e o viável histórico", tema correspondente ao estudo destas considerações, cf. Paulo Freire, "A propósito del tema generador" op. cit.

19 "Partindo destas observações cheias de significado [o autor se refere a observações realizadas por Malinowski], formula sua teoria de que a crença mágica servia para diminuir a incerteza nas atividades de ordem prática do homem, para fortalecer sua confiança, para reduzir sua ansiedade e para abrir vias de escape em situações aparentemente sem saída. A magia representa uma técnica suplementar para conseguir certos objetivos práticos."

O autor chama a atenção ainda sobre o fato de que Malinowski introduziu na teoria da magia, através de suas observações, novos elementos, tais como as relações entre a magia e o acaso, a magia e o perigo e a magia e o incontrolável. Robert K. Merton, op. cit., p. 118.

Poder-se-ia dizer que a mudança da percepção só seria possível com a mudança da estrutura, por causa do condicionamento que esta exerce sobre aquela.

Tal afirmação, tomada de um ponto de vista acriticamente rigoroso, pode levar a interpretações mecanicistas das relações percepção-mundo.

Por outro lado, para evitar qualquer confusão entre a nossa posição e uma atitude idealista, é necessário esclarecer o que entendemos por mudança de percepção.

Reconhecemos — e já o afirmamos — que só podemos entender o homem no mundo.

Sabemos que a verdade do mundo não se encontra só no "homem interior", pois este só existe porque pode ser dicotomizado do mundo *em* e *com* o qual se fala.

A mudança de percepção da realidade pode dar-se "antes" da sua transformação, se se excluir do termo "antes" o significado de dimensão estática do tempo, com que se pode apelidar a consciência ingênua.

A significação de "antes", aqui, não é a do sentido comum nem a do sentido gramatical. O "antes", aqui, não significa um momento anterior, separado de outro por uma fronteira rígida. O antes, pelo contrário, toma parte no processo, participa da estrutura social, envolvendo os homens, seja como um passado que foi presente, seja como um anterior-presente à estrutura.

Desta forma, a percepção distorcida da realidade, neste "antes" da mudança estrutural, pode ser mudada, na medida em que o "hoje", no qual se está verificando o antagonismo entre mudança e estabilidade, já é em si um desafio que a põe à prova.

Quanto mais agudo este antagonismo, mais se revela a realidade que condiciona tal percepção, e isso é suficiente para que nela se verifique a mudança.

Assim sendo, aproveitando este clima característico do "anterior-presente", cabe ao trabalhador social, problematizando para o homem o que se opõe ao seu "hoje-anterior-presente" da mudança estrutural, tentar a mudança de sua percepção da realidade.

Por isso repetimos que esta mudança de percepção não é outra coisa senão a substituição de uma percepção distorcida da realidade por uma percepção crítica da mesma.

Esta mudança de percepção, que se dá na problematização de uma realidade concreta, no entrechoque de suas contradições, implica um novo enfrentamento do homem com sua realidade. Implica ad-mirá-la em sua totalidade: vê-la de "dentro" e, desse "interior", separá-la em suas partes e voltar a ad-mirá-la, ganhando assim uma visão mais crítica e profunda da sua situação na realidade que não condiciona. Implica uma "apropriação" do contexto; uma inserção nele; um não ficar "aderido" a ele; um não estar quase "sob" o tempo, mas no tempo. Implica reconhecer-se homem. Homem que deve atuar, pensar, crescer, transformar e não adaptar-se fatalisticamente a uma realidade desumanizante.

Implica, finalmente, o ímpeto de mudar para ser mais.

A mudança da percepção distorcida do mundo pela conscientização é algo mais que a tomada de consciência, que pode inclusive ser ingênua.

Tentar a conscientização dos indivíduos com quem se trabalha, enquanto com eles também se conscientiza, este e não outro nos parece ser o *papel* do trabalhador social que optou pela mudança.

4
ALFABETIZAÇÃO DE ADULTOS E CONSCIENTIZAÇÃO

1. Instrumentação da educação

Nenhuma ação educativa pode prescindir de uma reflexão sobre o homem e de uma análise sobre suas condições culturais. Não há educação fora das sociedades humanas e não há homens isolados. O homem é um ser de raízes espaçotemporais. De forma que ele é, na expressão feliz de Marcel, um ser "situado e temporalizado". A instrumentação da educação — algo mais que a simples preparação de quadros técnicos para responder às necessidades de desenvolvimento de uma área — depende da harmonia que se consiga entre a vocação ontológica deste "ser situado e temporalizado" e as condições especiais desta temporalidade e desta situacionalidade.

Se a vocação ontológica do homem é a de ser sujeito e não objeto, só poderá desenvolvê-la na medida em que, refletindo sobre suas condições espaçotemporais, introduz-se nelas, de maneira crítica.

Quanto mais for levado a refletir sobre sua situacionalidade, sobre seu enraizamento espaçotemporal, mais "emergirá" dela conscientemente "carregado" de compromisso com sua realidade, da qual, porque é sujeito, não deve ser simples espectador, mas deve intervir cada vez mais.

Por isso mesmo a educação, para não instrumentar tendo como objeto um sujeito — ser concreto, que não somente está no mundo, mas também está com ele —, deve estabelecer uma relação dialética com o contexto da sociedade à qual se destina, quando se integra neste ambiente que, por sua vez, dá garantias especiais ao homem através de seu enraizamento nele. *Superposta* a ele, fica "alienada" e, por isso, inoperante.

Tal enfoque significa necessariamente uma superação do falso dilema "humanismo-tecnologia". Numa era cada vez mais tecnológica como a nossa, será menos instrumental uma educação que despreze a preparação técnica do homem, como a que, dominada pela ansiedade de especialização, esqueça-se de sua humanização.

A primeira condição mencionada faria perder a batalha do desenvolvimento; a segunda poderia levar o homem ao anonimato da massificação de onde, para sair, necessitaria da reflexão mais de uma vez, especialmente da reflexão sobre a sua própria condição de massificado.

2. O homem como um ser de relações

Este ser "temporalizado e situado", ontologicamente inacabado — sujeito por vocação, objeto por distorção —, descobre que não só está na realidade, mas também que está com ela. Realidade que é objetiva, independente dele, possível de ser reconhecida e com a qual se relaciona.

Estas *relações*, que o homem trava nesta e com esta realidade, apresentam uma ordem tal de conotações que as distinguem dos meros *contatos* da esfera animal; por isso mesmo, o conceito de relações da esfera puramente humana guarda em si conotações de *pluralidade*, de *criticidade*, de *consequência* e de *temporalidade*.

Há uma *pluralidade* nas relações do homem com o mundo, na medida em que o homem responde aos desafios deste mesmo mundo, na sua ampla variedade; na medida em que não se esgota num tipo padronizado de resposta.

Pluralidade não só com relação aos diferentes desafios que lhe faz o ambiente, mas também com relação ao próprio desafio.

No jogo constante de suas respostas, muda seu modo de responder. Organiza-se, escolhe a melhor resposta. Atua nas relações do homem com o mundo; existe uma pluralidade na própria singularidade. A captação que faz dos dados objetivos de sua realidade é essencialmente crítica e não puramente reflexa, como sucede nas esferas dos contatos.

Além disso, o homem, e somente o homem, é capaz de transcender, de discernir, de separar órbitas existenciais diferentes, de distinguir "ser" do "não ser"; de travar relações incorpóreas. Na capacidade de discernir estará a raiz da consciência de sua temporalidade, obtida precisamente quando atravessando o tempo, de certa forma até então unidimensional, alcança o ontem, reconhece o hoje e descobre o amanhã.

Na história de sua cultura, o tempo e a dimensão do tempo foram um dos primeiros discernimentos do homem.[20] O "excesso" de tempo sob o qual vivia o homem iletrado comprometia sua própria temporalidade, à qual se chega com o discernimento a que nos referimos. E com a consciência desta temporalidade, a de sua historicidade. Não há historicidade no gato por sua incapacidade de discernir e transcender, tragado no tempo unidimensional — um hoje eterno — do qual não tem consciência.

Todas essas características das relações que o homem trava com e na sua realidade fazem dessas relações algo *consequente*. Na verdade não se esgota na mera passividade. Criando e recriando, integrando-se

---

20 Erich Kahler, *História universal del hombre*. México: Fondo de Cultura Económica, 1953.

nas condições de seu contexto, respondendo aos desafios, auto-objetivando-se, discernindo, o homem vai se lançando no domínio que lhe é exclusivo, o da história e da cultura.[21]

A sua integração o enraíza e lhe dá consciência de sua *temporalidade*. Se não houvesse essa integração, que é uma característica das relações do homem e que se aperfeiçoa na medida em que esse se faz *crítico*, seria apenas um ser acomodado e, então, nem a história nem a cultura — seus domínios — teriam sentido. Faltaria a eles a marca da liberdade. E é porque se integra na medida em que se relaciona, e não somente se julga e se acomoda, que o homem cria, recria e decide.

Por sua vez, os *contatos* da esfera animal implicam, ao contrário das relações, respostas singulares, reflexas e inconsequentes. Disto resulta uma acomodação, não uma integração.

Observa-se por aí que o homem vai dinamizando o seu mundo a partir destas relações com ele e nele; vai criando, recriando; decidindo. Acrescenta algo ao mundo do qual ele mesmo é criador. Vai temporalizando os espaços geográficos. Faz cultura. E é o jogo criador destas relações do homem com o mundo o que não permite, a não ser em termos relativos, a imobilidade das sociedades nem das culturas.

---

21 Ibid.

3. O HOMEM E A SUA ÉPOCA

À medida que o homem cria, recria e decide, vão se formando as épocas históricas. E é também criando, recriando e decidindo como deve participar nessas épocas. É por isso que obtém melhor resultado toda vez que, integrando-se no espírito delas, se apropria de seus temas e reconhece suas tarefas concretas.

Ponha-se ênfase, desde já, na necessidade permanente de uma atitude crítica, a única com a qual o homem poderá apreender os temas e tarefas de sua época para ir se integrando nela. Uma época, por outro lado, realiza-se na proporção em que seus temas forem captados e suas tarefas, resolvidas.[22] E se supera na medida em que os temas e as tarefas não correspondem a novas ansiedades emergentes.

Uma época da história apresentará uma série de aspirações, de desejos, de valores, em busca de sua realização. Formas de ser, de comportar-se, atitudes mais ou menos generalizadas, das quais somente os visionários que se antecipam têm dúvidas e frente às quais sugerem novas fórmulas.

A passagem de uma época para outra caracteriza-se por fortes contradições que se aprofundam, dia a dia, entre valores emergentes em busca de

---
22 Hans Freyer, *Teoría de la época actual*. México: Fondo de Cultura Económica, 1958.

afirmações, de realizações, e valores do ontem em busca de preservação.

4. A TRANSIÇÃO

Quando isso ocorre, verifica-se o que chamamos transição. Observa-se um aspecto fortemente dramático que vai atingir as mudanças de que se nutre a sociedade. Porque é dramático, é fortemente desafiador. E a transição se torna então um tempo de opções. Nutrindo-se de mudanças, a transição é mais que as mudanças. Implica realmente a marcha que faz a sociedade na procura de novos temas, de novas tarefas ou, mais precisamente, de sua objetivação. As mudanças se produzem numa mesma unidade de tempo, sem afetá-la profundamente. É que se verificam dentro do jogo normal, resultante da própria busca de plenitude que fazem estes temas.

Quando, por fim, estes temas começam a esvaziar e a perder sua significação, emergindo novos temas, a sociedade começa a passar para outra época. Nestas fases, mais do que nunca, se faz indispensável a integração. Mais do que nunca se faz indispensável o desenvolvimento de uma mente crítica,[23] com a qual

---

23 Importante a leitura de Barbu Zevedei.

o homem possa se defender dos perigos dos irracionalismos, encaminhamentos distorcidos da emoção, característica dessas fases de transição.

5. Brasil, uma sociedade em transição

O Brasil vivia exatamente a transição de uma época para outra. A passagem de uma sociedade "fechada" para uma sociedade "aberta". Era uma sociedade se abrindo. A transição era precisamente o elo entre uma época que se desvanecia e outra que se formava. Por isso é que tinha algo de prolongação e algo de penetração. De prolongação daquela sociedade que se desvanecia e na qual se projetava querendo se preservar. De penetração na nova sociedade anunciada e que, através dela, se incorpora na velha. Esta sociedade brasileira estava sujeita, por isso mesmo, a retrocessos na sua transição, na medida em que as forças que encaram aquela sociedade, na vigência de seus poderes, conseguissem sobrepor-se, de uma forma ou de outra, à formação da nova sociedade. Sociedade nova que se oporia necessariamente à vigência de privilégios, quaisquer que fossem suas origens, contrários aos interesses do homem brasileiro.

6. Democratização fundamental

Entrando a sociedade brasileira em transição, havia se instalado entre nós o fenômeno que Mannheim chama de "democratização fundamental", que implica uma crescente participação do povo em seu processo histórico.

O povo se encontrava na fase anterior de isolamento da nossa sociedade, *imerso* no processo. Com a ruptura da sociedade e sua entrada em transição, *emerge*. Imerso era apenas espectador do processo; *emergindo*, descruza os braços, renuncia a ser simples espectador e exige participação. Já não se satisfaz em assistir; quer participar; quer decidir. Não tendo um passado de experiências decisivas, dialogais, o povo emerge, inteiramente "ingênuo" e desorganizado. E quanto mais pretende participar, ainda que ingenuamente, mais se agrupam as forças reacionárias que se sentem ameaçadas em seus princípios.

Cada vez mais sentíamos, de um lado, a necessidade de uma educação que não descuidasse da vocação ontológica do homem, a de ser sujeito, e, por outro, de não descuidar das condições peculiares de nossa sociedade em transição, intensamente mutável e contraditória. Educação que tratasse de ajudar o homem brasileiro em sua emersão e o inserisse criticamente no seu processo histórico. Educação que por isso mesmo libertasse pela conscientização.[24] Não aquela educação que domestica e acomoda. Educação, afinal, que promovesse a "ingenuidade", característica da emersão, em criticidade, com a qual o homem opta e decide.

Por isso, esta educação ao significar um esforço para chegar ao homem-sujeito enfrentava, como ameaça, os setores privilegiados. Para o irracionalismo sectário, a humanização representava um perigo.

7. Mais uma vez o homem e o mundo

Partíamos dizendo que a posição normal do homem, como já afirmamos no começo deste capítulo, não era só a de estar *na* realidade, mas de estar *com ela*. A de travar relações permanentes com ela, cujo resultado é a criação concretizada no domínio cultural.

Posto diante do mundo, o homem estabelece uma relação sujeito-objeto da qual nasce o conhecimento, que ele expressa por uma linguagem. Esta relação é feita também pelo analfabeto, o homem comum. A diferença entre a relação que ele trava neste campo e a nossa é que sua captação do dado objetivo se faz pela via preponderantemente sensível. A nossa, por via preponderantemente reflexiva. Deste modo surge da primeira captação uma

---

24 Desenvolvimento da tomada de consciência.

compreensão preponderantemente "mágica"²⁵ da realidade. Da segunda, uma compreensão preponderantemente crítica.

Como a toda compreensão de algo corresponde, cedo ou tarde, uma ação, a uma compreensão preponderantemente mágica corresponderá também uma ação mágica.

8. A ORGANIZAÇÃO REFLEXIVA DO PENSAMENTO

O que teríamos que fazer, então, seria, como diz Paul Legrand, ajudar o homem a organizar reflexivamente o pensamento. Colocar, como diz Legrand, um novo termo entre o compreender e o atuar: o pensar. Fazê-lo sentir que é capaz de superar a via dominantemente reflexa.

Se isso acontecesse, estaríamos levando-o a substituir a captação mágica por uma captação cada vez mais crítica e, assim, ajudando-o a assumir formas de ação também críticas, identificadas com o clima de transição. Respondendo às exigências de democratização fundamental, inserindo-se no processo histórico, ele

---

25 A compreensão "mágica" resulta de uma certa obliteração que não permite uma visualização translúcida do desafio, cujas conotações são assim confundidas. Esta compreensão é característica de um tipo de consciência que chamamos "intransitiva". A intransitivação da consciência, por sua vez, implica um total enclausuramento do homem em si mesmo, soterrado, se assim se pode dizer, por um tempo e um espaço todo-poderosos.

renunciará ao papel de simples objeto e exigirá ser o que é por vocação: sujeito.

9. Como fazê-lo?

As respostas parecem estar:

a. Num método ativo, dialógico, crítico e criticista.
b. Na modificação do conteúdo programático da educação.
c. No uso de técnicas, como a de redução e a de codificação.

Somente um método ativo, dialogal e participante poderia fazê-lo.

E que é o diálogo?[26] É uma relação horizontal de A com B. Nasce de uma matriz crítica e gera criticidade (Jaspers). Nutre-se de amor, de humanidade, de esperança, de fé, de confiança. Por isso, somente o diálogo comunica. E quando os dois polos do diálogo se ligam assim, com amor, com esperança, com fé no próximo, se fazem críticos na procura de algo e se produz uma relação de "empatia" entre ambos. Só ali há comunicação. "O diálogo é, portanto, o caminho indispensável", diz Jaspers, "não somente

---
26 Diálogo — Horizontal — Relação Eu-Tu — Dois sujeitos.

nas questões vitais para nossa ordem política, mas em todos os sentidos da nossa existência. Somente pela virtude da fé, contudo, o diálogo tem estímulo e significação: pela fé no homem e em suas possibilidades; pela fé na pessoa que pode chegar à união de todos; pela fé de que somente chego a ser eu mesmo quando os demais chegam a ser eles mesmos".

A--------------B------B-Comunicação

Relação de "empatia"
na procura de algo
{
amoroso
humilde
crítico
esperançoso
confiante
criador
}

É no diálogo que nos opomos ao antidiálogo tão entranhado em nossa formação histórico-cultural, tão presente e, ao mesmo tempo, tão antagônico ao clima da transição. O antidiálogo, que implica uma relação de A sobre B, é o oposto a tudo isso. É desamoroso. Não é humilde. Não é esperançoso; arrogante; autossuficiente. Quebra-se aquela relação de "empatia" entre seus polos, que caracteriza o diálogo. Por tudo isso o antidiálogo não comunica. Faz comunicados.

Precisávamos de uma pedagogia da comunicação com a qual pudéssemos vencer o desamor do antidiálogo. Lamentavelmente, por uma série de razões, esta postura — a do antidiálogo — vem sendo a mais comum na América Latina. Educação que mata o poder criador não só do educando, mas também do educador, na medida em que este se transforma em alguém que impõe ou, na melhor das hipóteses, num doador de "fórmulas" e "comunicados", recebidos passivamente pelos seus alunos.

Não cria aquele que impõe, nem aqueles que recebem; ambos se atrofiam e a educação já não é educação.

10. Novo conteúdo programático

Mas quem dialoga, dialoga com alguém sobre alguma coisa. Esta alguma coisa deveria ser o novo conteúdo programático da educação que defendíamos. E nos pareceu que a primeira dimensão deste novo conteúdo, com que ajudaríamos o analfabeto, antes ainda de iniciar sua alfabetização, para conseguir a destruição da sua compreensão "mágica" e a construção duma compreensão crescentemente crítica, seria a do conceito antropológico de cultura, isto é, a distinção entre estes dois mundos: o da natureza e o da cultura; o papel ativo do homem na sua realidade e com a sua realidade; o sentido de mediação que tem a natureza para as relações e a comunicação dos homens; a cultura como o acréscimo que o homem faz ao mundo que não criou; a cultura como resultado de seu trabalho, de seu esforço criador e recriador; a dimensão humanista da cultura; a cultura como aquisição sistemática da experiência humana, como uma incorporação, por isso crítica e criadora, uma justaposição de informações e descrições "doadas"; a democratização da cultura, que é uma dimensão da democratização fundamental, frente à problemática da aprendizagem da escrita e da leitura, seria, pois, como uma chave com a qual o analfabeto inicia sua introdução no mundo da comunicação escrita. Como ser no mundo e com o mundo. Em seu papel de sujeito e não de mero e permanente objeto.

Para tal introdução, ao mesmo tempo gnosiológica e antropológica, elaboramos, depois da "redução" do conceito de cultura, onze situações "codificadas", capazes de motivar os grupos e levá-los, por meio de sua descodificação, a estas compreensões.

Esta primeira situação desperta a curiosidade do analfabeto e o leva a distinguir o mundo da natureza do mundo da cultura. Apresenta-se um homem do povo, diante do mundo. Em torno dele, seres de natureza e objetos de cultura. É impressionante ver como se travam os debates e com que curiosidade os analfabetos vão respondendo às questões contidas na situação.

Cada situação apresenta um dado número de informações para serem descodificadas pelos grupos de analfabetos com o auxílio do coordenador de debates. Na medida em que se intensifica o diálogo em torno das situações codificantes — com "n" informações — e os participantes respondem diferentemente a elas, porque os desafiam, se produz um círculo, que será tanto mais dinâmico quanto mais a informação corresponda à realidade existencial dos grupos.

Muitos deles, durante os debates sobre as situações, afirmam felizes e autoconfiantes que "nada de novo lhes está sendo demonstrado, mas que lhes estavam refrescando a memória". "Faço sapatos — disse certa vez um deles — e descubro agora que tenho o mesmo valor do doutor que faz livros"; "amanhã — afirmou outro, ao discutir o conceito de cultura — vou entrar no meu trabalho com a cabeça erguida". Era um simples varredor de ruas que descobriu o valor de sua pessoa e a dignidade de seu trabalho. Afirmava-se.[27]

---

[27] Manifestações desta natureza feitas por homens comuns levaram os que defendem um mundo dividido por privilégios inconfessáveis e sem amor a vislumbrar em nosso esforço de humanização do homem "uma subversão" da ordem. Não souberam ou não quiseram perceber que, ao afirmar sua descoberta do valor que tinha fazendo sapatos, como o doutor fazendo livros, aquele sapateiro não pretendia superar o doutor, substituindo-o no seu trabalho. Estava certo, por outro lado, que o doutor não o substituiria no seu. Está certo agora que ele, sapateiro, e o outro, doutor, ambos têm uma dignidade no trabalho, um tem tanto valor como o outro, considerando-se que os dois são autênticos em seus trabalhos específicos.

Reconhecidos, através da primeira situação, os dois mundos — o da natureza e o da cultura — e o papel do homem nestes dois mundos, outras situações vão se sucedendo, em que ora se fixam, ora se ampliam as áreas de compreensão do domínio cultural. A conclusão dos debates gira em torno da dimensão humana e fica claro que esta conquista, numa cultura letrada, já não se faz por via oral como nas iletradas, em que falta a sinalização gráfica. Vencendo este primeiro passo, inicia-se o debate sobre a democratização da cultura com o qual se abrem as perspectivas para o começo da alfabetização.

11. A ALFABETIZAÇÃO COMO UM ATO CRIADOR

Todo debate que se coloca é altamente crítico e motivador. O analfabeto apreende criticamente a necessidade de aprender a ler e a escrever. Prepara-se para ser o agente desta aprendizagem. E consegue fazê-lo na medida em que a alfabetização é mais que o simples domínio mecânico de técnicas para escrever e ler. Com efeito, ela é o domínio dessas técnicas em termos conscientes. É entender o que se lê e escrever o que se entende. É comunicar-se graficamente. É uma incorporação. Implica não uma memorização mecânica das sentenças, das palavras, das sílabas, desvinculadas de um universo existencial — coisas mortas ou semimortas —, mas uma atitude de criação e recriação. Implica uma autoformação da qual pode resultar uma postura atuante do homem sobre seu contexto.[28] Isso faz com que o papel do educador seja fundamentalmente dialogar com o analfabeto sobre situações concretas, oferecendo-lhe simplesmente os meios com os quais possa se alfabetizar.

Por isso a alfabetização não pode se fazer de cima para baixo, nem de fora para dentro, como uma doação ou uma exposição, mas de dentro para fora pelo próprio analfabeto, somente ajustado pelo educador. Esta é a razão pela qual procuramos um método que fosse capaz de se fazer instrumento também do educando, e não só do educador, e que identificasse, como claramente observou um jovem sociólogo brasileiro,[29] o conteúdo da aprendizagem com o processo da aprendizagem. Por essa mesma razão não acreditamos nas cartilhas que pretendem fazer uma montagem de sinalização gráfica como uma doação e que reduzem o analfabeto mais à condição de objeto de alfabetização do que de sujeito da mesma.

Tínhamos de achar, por outro lado, na "redução" das palavras chamadas geradoras,[30] "fundamentos

---

[28] Somente assim a alfabetização de adultos tem significado para o desenvolvimento: na medida em que faz do próprio esforço de progresso objeto da reflexão do analfabeto.
[29] Celso Beisiegel.
[30] São aquelas que, decompostas em seus elementos silábicos, proporcionavam pela combinação desses elementos o nascimento de novas palavras.

para a aprendizagem de uma língua silábica como a nossa". Não pensávamos na necessidade de cinquenta, oitenta ou mais palavras geradoras. Isto seria, como efetivamente é, uma perda de tempo. Quinze ou dezoito nos pareciam suficientes para o processo de alfabetização pela conscientização.

12. Levantamento do universo vocabular

Uma pesquisa inicial feita nas áreas que vão ser trabalhadas nos oferece as palavras geradoras, que nunca devem sair de nossa biblioteca. Elas são constituídas pelos vocábulos mais carregados de certa emoção, pelas palavras típicas do povo. Trata-se de vocábulos ligados à sua experiência existencial, da qual a experiência profissional faz parte.

Esta investigação dá resultados muito ricos para a equipe de educadores, não só pelas relações que trava, mas pela exuberância da linguagem do povo, às vezes insuspeita.

As entrevistas revelam desejos, frustrações, desilusões, esperanças, desejos de participação e, frequentemente, certos momentos altamente estéticos da linguagem popular.

Nos levantamentos vocabulares que tínhamos nos arquivos do Departamento de Extensão Cultural da Universidade do Recife, do qual éramos diretores, feitos nas áreas rurais do Brasil, não são raros estes exemplos: "Janeiro de Angicos", disse um homem deste sertão do Rio Grande do Norte, Nordeste brasileiro, "é um mês de se viver, porque janeiro é cabra danado".

"Quero aprender a ler e a escrever", disse um analfabeto do Recife, "para deixar de ser sombra dos outros". E ainda um homem de Florianópolis, revelando a emersão do povo, característica da transição brasileira: "O povo tem resposta." Outro, em tom sentimental: "Não tenho 'dó' de ser pobre, mas de não saber ler. Eu tenho a escola do mundo", disse um analfabeto de um estado do sul do Brasil, o que motivou o professor Jomard de Brito[31] a perguntar num ensaio seu: "Haveria algo mais para propor a um homem tão adulto que afirma: eu tenho a escola do mundo?" "Quero aprender a ler e a escrever para mudar o mundo", foi a afirmação de um analfabeto paulista, para quem, acertadamente, conhecer é interferir na realidade conhecida. "O povo pôs um parafuso na cabeça", afirmou outro, numa linguagem um tanto esotérica. Ao perguntar-lhe que parafuso era esse, respondeu, revelando uma vez mais a emersão popular da transição brasileira: "é o que o senhor doutor explica, ao falar comigo, povo."

---

[31] Jomard Muniz de Brito, "Educação de adultos e unificação de cultura". *Revista de cultura*, Universidade do Recife, 2/4/1963.

Inúmeras afirmações deste tipo exigiam realmente um tratamento universitário em sua interpretação, tratamento que estivesse a cargo de especialistas e do qual resultasse um instrumento eficiente para a ação do educador de adultos.

13. Seleção de palavras geradoras

Com o material recolhido na pesquisa, chega-se à fase de seleção de palavras geradoras, que é feita com os critérios:
a. de riqueza fonética
b. de dificuldades fonéticas (as palavras selecionadas devem responder às dificuldades fonéticas da língua, colocadas numa sequência que vai gradativamente de dificuldades menores para dificuldades maiores);
c. do aspecto pragmático da palavra, que implica um maior entrosamento da palavra numa determinada realidade, social, cultural e política.

"Hoje — disse o professor Jarbas Maciel — nós vemos que estes critérios estão contidos no critério semiótico; a melhor palavra geradora é aquela que reúne em si maior 'percentagem' de critérios: sintático (possibilidade ou riqueza fonética, grau de dificuldade fonética complexa, de 'manipulabilidade' dos conjuntos de sinais de sílabas etc.); semântico (maior ou menor 'intensidade' do vínculo entre a palavra e o ser que designa, maior ou menor adequação entre a palavra e o ser designado); e pragmático (maior ou menor carga de conscientização que a palavra traz potencialmente ou o conjunto de relações socioculturais que a palavra cria nas pessoas ou grupos que a utilizam)."[32]

14. Criação de situações sociológicas

Selecionadas as palavras geradoras, criam-se situações (pintadas ou fotografadas) nas quais são colocadas as palavras geradoras em ordem crescente de dificuldades fonéticas. Essas situações funcionam como elementos desafiadores dos grupos e constituem, no seu conjunto, uma "programação compacta", são situações-problema codificadas, unidades "gestálticas" de aprendizagem, que guardam em si informações que serão descodificadas pelos grupos com a colaboração do coordenador.

O debate em torno delas irá levando os grupos — como se fez para chegar ao conceito antropológico de cultura — a se conscientizarem para que, ao mesmo tempo, se alfabetizem. Constituem

---
[32] Jarbas Maciel, "A fundamentação teórica do sistema de Paulo Freire de educação de adultos". *Revista de cultura*, n. IV, Universidade do Recife, 1963.

situações locais que abrem perspectivas para a análise dos problemas regionais e nacionais. Uma palavra geradora tanto pode englobar toda uma situação como se referir simplesmente a um dos sujeitos da situação.

15. Fichas auxiliares

Uma vez preparado todo o material para o Círculo de Cultura,[33] elaboram-se as fichas auxiliares para o trabalho dos coordenadores de debates. Estas fichas devem constituir simples sugestões para os educadores, nunca uma prescrição rígida para ser obedecida.

16. Ampliação

Posta uma situação-problema diante do grupo, inicia-se a sua análise ou a descodificação com o auxílio do coordenador. Somente quando o grupo termina a análise, dentro de um prazo razoável, o educador se volta à visualização da palavra geradora.

---

[33] Substituímos a escola noturna, tradicional para adultos, que tinha conotação passiva em contradição com o clima intensamente dinâmico da transição brasileira, pelo Círculo de Cultura; o professor, quase sempre doador, pelo coordenador de debate; o aluno, pelo participante do grupo; a classe, pelo diálogo.

Trata-se, pois, de visualização e não de memorização puramente mecânica.

Uma vez visualizada a palavra, estabelecido o vínculo semântico entre ela e o objeto a que se refere (representado na situação), passa o educando a outra projeção, a outra cartela ou a outro fotograma — no caso de diapositivo — no qual aparece escrita a palavra, sem o objeto que ela representa.

Logo surge a palavra separada em suas sílabas, que o analfabeto geralmente chama "pedaços". Reconhecidos os "pedaços" na etapa da análise, passa-se à visualização das "famílias fonéticas" que compõem a palavra geradora.

Estas famílias, que são estudadas isoladamente, passam depois a ser representadas em conjunto. Foram chamadas pela professora Aurenice Cardoso[34] "Ficha da descoberta". Efetivamente, através dela, fazendo síntese, o homem descobre o mecanismo da formação vocabular de uma língua silábica como a nossa, que se estrutura por combinações fonéticas.

Apropriando-se criticamente e não mecanicamente — o que não seria uma apropriação — deste mecanismo, o adulto inicia a formação rápida do seu próprio sistema de sinais gráficos. Começa então, cada vez com maior facilidade e no primeiro dia em

---

[34] Aurenice Cardoso, "Conscientização e alfabetização. Uma visão prática do sistema Paulo Freire de educação de adultos". *Revista de cultura*, n. IV, Universidade do Recife, 1963.

que luta para alfabetizar-se, a criar palavras com as combinações fonéticas que lhe oferece a decomposição de uma palavra trissilábica.

Tomemos por exemplo a palavra "tijolo" como a palavra geradora, colocada numa "situação" de trabalho de construção. Discutida a situação em seus possíveis aspectos, faz-se a vinculação semântica entre a palavra e o objeto que designa. Visualizada a palavra dentro da situação, será apresentada imediatamente:

TIJOLO

Visualizados os "pedaços" — e sem depender de uma ortodoxia analítico-sintética —, começa-se o reconhecimento das famílias fonéticas. A partir da primeira sílaba, Ti, ajuda-se o grupo a conhecer toda a família fonética resultante da combinação da consoante inicial com as demais vogais.

Em seguida, o grupo conhece a segunda família através da visualização de Jo, para chegar finalmente ao conhecimento da terceira. Quando se projeta a família fonética, o grupo obviamente reconhece somente a sílaba da palavra visualizada: ta-te-ti-to-tu; ja-je-ji-jo-ju; e la-le-li-lo-lu. Reconhecido o Ti, o grupo é levado a compará-lo com as outras sílabas, o que o faz descobrir que, começando-se igualmente, terminam diferentemente.

Desta maneira, nem todas podem chamar-se Ti. Idêntico procedimento se segue para as sílabas Jo e Lo e suas famílias. Depois do conhecimento de cada família, efetuam-se exercícios de leitura para a fixação das novas sílabas.

O momento mais importante se dá quando se apresentam as três famílias juntas.

ta-te-ti-to-tu
ja-je-ji-jo-ju   Ficha da descoberta
la-le-li-lo-lu

Depois da leitura na horizontal e outra na vertical, em que se descobrem os sons vocais, o grupo começa — note-se que não o coordenador — a realizar a síntese oral. Um a um todos vão "fazendo" palavras com as possíveis combinações à sua disposição. "Tatu", "luta", "lajota", "tito", "loja", "jato", "lote", "tela", e não faltam os que, aproveitando uma vogal de uma das sílabas, a associem a outra, a que juntam uma terceira, formando outra palavra. Exemplo: tiram o "i" de "li", acrescentam o "le" e somam "te": "leite".

Existem outros, como o analfabeto de Brasília, que, para emoção de todos os presentes, inclusive a do então Ministro da Educação, Paulo de Tarso, disse: "Tu já lês." E isso foi na primeira noite em que começava a alfabetização.

Terminados os exercícios orais, nos quais não houve só conhecimentos, nessa mesma noite passa a escrever.

No dia seguinte, traz de casa, como tarefa, tantos vocábulos quanto pôde criar com as sílabas aprendidas. Não importa que traga vocábulos que não estejam terminados. O que importa, no dia em que começa a pisar este novo terreno, é a descoberta do *mecanismo* das combinações fonéticas. A revisão dos vocábulos criados deve ser feita pelo grupo com o auxílio do educador, e não por este com a assistência daquele.

17. A capacitação dos coordenadores

A grande dificuldade que surge e que exige um alto sentido da responsabilidade, se baseia na preparação dos quadros de coordenadores e supervisores. Não porque haja dificuldades na aprendizagem puramente técnica do procedimento. A dificuldade está na própria criação de uma nova atitude, ao mesmo tempo tão velha no educador.

Referimo-nos ao diálogo. Trata-se de uma atitude dialogal à qual os coordenadores devem converter-se para que façam realmente educação e não domesticação. Precisamente porque, sendo o diálogo uma relação eu-tu, é necessariamente uma relação de dois sujeitos. Toda vez que se converte o "tu" desta relação em mero objeto, ter-se-á pervertido e já não se estará educando, mas deformando.

18. Resultados práticos

Entre um mês e meio e dois meses, com Círculos de Cultura funcionando de segunda a sexta-feira (cerca de uma hora e meia), deixávamos grupos de 25 a trinta homens lendo e escrevendo. Com nove meses de trabalho à frente do Programa Nacional de Alfabetização de Adultos, no Ministério da Educação, ao qual chegamos pelo ministro Paulo de Tarso e autorizados pelo ministro Júlio Sambaquy, conseguimos com nossa equipe da Universidade do Recife preparar quadros em quase todas as capitais brasileiras.

Ao mesmo tempo em que preparávamos esses quadros, iam-se formando círculos experimentais, com os quais se ampliava o número de coordenadores para a extensão da campanha. A isso foi se somando o esforço de outras equipes, como as de São Paulo, Brasília, Porto Alegre etc.

A estas alturas, deveríamos ter, funcionando no Brasil, mais de 20 mil Círculos de Cultura na etapa de alfabetização, pois tínhamos traçadas as etapas posteriores com que aprofundaríamos os conhecimentos dos recém-alfabetizados.

E tudo isso com um custo irrisório: um projetor polonês que chegava ao Brasil pelo preço de Cr$ 7.800,00 (o governo havia importado 35 mil destes projetores que operavam com 220, 110 e 6 volts); um filme que, antes de ser fabricado por nós, nos custava aproximadamente Cr$ 4.000,00; um quadro-negro e a parede de uma casa ou da sede de um clube, onde instalávamos o Círculo de Cultura.

Entramos em contato também com d. José Távora, bispo de Aracaju, Sergipe (nordeste do Brasil), um dos líderes do Movimento de Educação de Base (MEB), que desenvolvia um intenso e proveitoso esforço no campo da educação de adultos através da escola radiofônica. Esperávamos, assim, aproveitando toda uma rede já montada de escolas, dinamizá-las mais, aplicando seus resultados.

Títulos de Paulo Freire editados pela Paz e Terra

À sombra desta mangueira
Ação cultural para a liberdade — e outros escritos
A África ensinando a gente — Angola, Guiné-Bissau, São Tomé e Príncipe (Paulo Freire e Sérgio Guimarães)
Alfabetização: leitura do mundo, leitura da palavra (Paulo Freire e Donaldo Macedo)
Aprendendo com a própria história (Paulo Freire e Sérgio Guimarães)
Cartas a Cristina — reflexões sobre minha vida e minha práxis
Cartas à Guiné-Bissau — registros de uma experiência em processo
Dialogando com a própria história (Paulo Freire e Sérgio Guimarães)
Direitos humanos e educação libertadora
Educação como prática da liberdade
Educação e mudança
Educar com a mídia — novos diálogos sobre educação (Paulo Freire e Sérgio Guimarães)
Extensão e comunicação
Lições de casa — últimos diálogos sobre educação (Paulo Freire e Sérgio Guimarães) (título anterior: Sobre educação: lições de casa)
Medo e ousadia — o cotidiano do professor (Paulo Freire e Ira Shor)
Nós dois (Paulo Freire e Nita Freire)
Partir da Infância — diálogos sobre educação (Paulo Freire e Sérgio Guimarães)
Pedagogia da autonomia — saberes necessários à prática educativa
Pedagogia da esperança — um reencontro com a Pedagogia do oprimido
Pedagogia da indignação — cartas pedagógicas e outros escritos
Pedagogia da libertação em Paulo Freire
Pedagogia da solidariedade
Pedagogia da tolerância
Pedagogia do compromisso — América Latina e Educação Popular
Pedagogia do oprimido
Pedagogia dos sonhos possíveis
Política e educação
Por uma pedagogia da pergunta (Paulo Freire e Antonio Faundez)
Professora, sim; tia, não

Este livro foi composto na tipografia Dante
MT Std, em corpo 13/16,5 e impresso
em papel off-white no Sistema Cameron
da Divisão Gráfica da Distribuidora Record.